긍정의 교과서

긍 정 의
교 과 서

한 순 간 에 행 복 해 지 는 방 법

다케다 소운 지음 | 강현숙 옮김

소미미디어
Somy Media

긍정의 교과서

여기 차 한 잔이 있습니다.

당신은 차를 한 모금 마셨습니다.

자, 당신은 무슨 생각을 할까요?

'이렇게 뜨거워서야 입천장 데겠군.'

'차 맛이 싱거워!'

'커피로 할 걸 그랬어!'

'얼었던 몸이 따뜻해지는 것 같아!'

'맛있네! 무슨 차지?'

'마음이 편안해. 고마워.'

잔에 있는 차는 온도도 같고 맛도 같습니다.

당신은 뭘 느꼈습니까?
어떤 생각이 드나요?
무엇을 알 수 있나요?

비가 오면,
'하필이면 비가 온다'고 생각하나요? '고마운 비'라고 생각하나요?
길을 가다가 누가 길을 물으면,
'귀찮다'고 생각하나요? '도움이 되고 싶다'고 생각하나요?

무엇인가를 접했을 때,
무엇을 생각하고, 무엇을 느끼고,
무엇을 믿고, 무엇을 주고,
무엇을 하고, 무엇을 하지 않는지.

'긍정'이라는 선택을 하기 위한 법칙을
이제부터 전하려 합니다.

들어가며

"소운 씨와 만난 후 행운체질로 바뀌었습니다."
저와 인연이 닿았던 분들에게 종종 듣는 말입니다.
"하는 일이 상승세를 타고 있습니다."
"고민하던 인간관계가 개선됐습니다."
"잔병치레가 없어지고 수족냉증이 나았습니다."
이런 말은 좀 이상하지만 저는 심령술사나 종교인이 아닙니다.
단지 제 자신이 지극히 긍정적일 뿐입니다.

"부탁하지 않는데 좋은 직장에 취직됐어요."
"너무나 멋진 만남이 이어지네요."
"가족 사이가 무척 좋아서 죽겠어요."
"하루하루가 즐거워서 어쩔 줄을 모르겠어요."
믿기 어렵겠지만, 제 인생은 점점 행복해졌습니다.

이 책 한 권으로는 다 못 쓸 정도로 말입니다.

거기에는 이유가 있습니다. 그 이유를 전하기 위해 이 책을 썼습니다.

행복해지기 위한 세 가지

1. 행복을 줄 것.

2. 행복하다는 사실을 인식할 것.

3. 행복하다고 말로 표현하고 행복한 태도를 취할 것.

이 세 가지 사실을 알고 실천하자 제 인생은 완전히 변했습니다. 이 세 가지를 하다보면 불행해질 이유가 없습니다.

고작 이 세 가지뿐입니다. 안 하려야 안 할 수가 없겠죠. 전 그렇게 믿고 있습니다.

원래 '행복'이란 말은 기준이 애매해서 사람에 따라 그 기준이 다릅니다.

돈을 잘 벌면 행복한가요?

어디서든 환호할 정도로 유명하면 행복할까요?

회사에서 승진하면 행복해요?

모두가 답이면서 정답이 아닙니다. 왜냐하면 사람에 따라 행복을 받아들이는 방식이 다르기 때문입니다.

억만장자라 불리는 사람도 재산을 잃게 될 것이라는 두려움에 시달리며 돈에 환멸을 느끼는 경우도 많습니다. 유명인이라도 혼자 조용히 쉴 틈이 없어서 마음이 피폐해져 가는 경우도 있습니다. 출세할수록 일에 쫓기다 가정을 돌보지 못해 가족관계가 깨지는 사람도 있습니다.

그 대부분이 '행복'의 기준을 '타인과의 비교'에 두고 있기 때문입니다.

"저 사람보다 돈을 많이 번다."

"저 사람보다 지위가 높다."

이처럼 타인과 견주어진 '행복'은 인생에 있어서 한 측면에 불과합니다. 저는 어릴 적부터 타인과 비교하며 경쟁하거나 이기는 것에 별로 흥미가 없는 성격이었습니다. 살아오면서 누군가와 경쟁한 일은 없었습니다. 승부개념은 제로인 채 살아왔습니다. 그래도 이렇게 살아남았습니다.

이렇게 말하면 '겉치레 인사'라고들 말합니다.

저는 언론, 출판, 강연회, 개인전 등 대중 앞에 나서는 기회가 많습니다. 그래서 많은 분들이 '경쟁에서 이긴 사람'으로 여기는 것도 무리가 아닙니다. 하지만 저는 경쟁하고 있다는 의식이 없었으며, 이기고 싶다거나 이겼다고 생각한 적이 없습니다.

저는 대학 졸업 후 '일본전신전화주식회사'라는 기업에 취직해 법인영업을 담당했습니다. 업무는 나름대로 재미있었습니다. 하지만 매일 무엇인가 부족하다고 느꼈습니다.

어느 날 제가 쓴 붓글씨를 본 회사 선배가 "이 정도면 서예로 먹고 살겠네"라고 한마디를 했습니다. 그 말 한마디에 저는 안정된 직장을 그만두고 아무 보증도 없는 서예가의 길로 들어섰습니다. 스물다섯 때의 일입니다.

회사를 그만두고 전업 서예가가 되기까지, 저는 "이 일을 꼭 따내고 싶다"고 스스로 원한 적이 없습니다. 모두가 하나같이 주위에서 일거리가 들어왔을 뿐입니다. 그렇게 매일 즐겁고 행복하게 살아가고 있습니다.

대신 저는 '사람들을 기쁘게 해주고 싶다, 감동을 주고 싶다'는 욕망만큼은 누구보다도 크고 강합니다. 그것이 저를 고무시키고 격려해주는 에너지원입니다.

매일 감동하고 그 감동을 전하고 사람들을 기쁘게 하는 것, 그뿐입니다. 인류가 더 행복해질 수 있도록 공헌하고 싶다는 마음만이 저의 매개체이며 에너지원입니다. 그 결과가 일거리로, 새로운 만남으로, 멋진 만남으로 이어지는 거겠지요.

부탄 국민들에게 "당신은 행복합니까?"라고 물었더니 대부분이 "당신이 행복하면 나도 행복합니다"라고 답했다고 합니다.

자신을 행복하게 만드는 일도 중요하지만 주위를 행복하게 하는 일도 중요합니다. 주위 사람들을 행복하게 만들 수 있는 조그만 일들은 많습니다. 웃는 얼굴을 보이거나 좋은 말 한마디를 건넬 수 있는 일은 많습니다.

또한 근거 없이 "나는 운이 좋아"라고 생각하고 있으면 지금까지 평범하게 보이던 것들도 운이 좋아 보입니다. 불운이라 생각했던 것들도 좋게 여겨집니다. 이렇게 좋은 생각을 계속하게 되면 주위에서 놀랄 정도로 좋은 운을 끌어당기는 체질로 바뀝니다.

저는 매일 행복하게 살고 있으며 행복한 사람들에게 둘러싸여 있습니다.

그 원인은 처음에 말한 '행복해지기 위한 세 가지'가 기본이며 이제부터 11가지 법칙도 전해드리겠습니다. 속는 셈치고 한번 따라해 보시기 바랍니다. 당신도 당신의 소중한 사람들도 같이 하면 확실히 행복해질 겁니다.

한국 독자들에게

안녕하세요 다케다 소운입니다.

저는 일본의 서예가입니다. 제가 좋아하는 한국에서 《긍정의 교과서》가 출간되어 정말 기쁩니다.

당신은 부정적인가요? 아니면 긍정적인가요? 기분 따라 왔다 갔다 하거나, 타고난 성격 탓이라고 생각하시는 분이 많은 것 같습니다. 타고난 걸 어쩌라고! 하면서 말이죠.

저도 젊었을 때는 그렇게 생각했습니다. 그러나 십수 년 동안 '과연 그럴까?'라고 의심한 끝에 저는 깨달았습니다. 긍정적인지 부정적인지는 성격과는 아무런 관계가 없다는 것을 말이죠. 나아가 연습하면 긍정적인 사람이 될 수 있다는 것을 몸으로 익혔습니다.

저도 여러분처럼 소소한 걱정과 불안 증세에 시달리던 사람이었습니다. 비행기를 타면 추락하는 생각만 들었습니다. 몸이 조금 아프면 심각한 병에 걸린 게 아닌가 하고 전전긍긍했습니다.

고백하고 보니 여러분보다 좀 심했군요. 하지만 지금 저는 대부분의 일을 긍정적으로 받아들이고 있습니다. 긍정적인 사람이 되는 스킬을 닦게 되면서부터 말입니다. '어떻게 이런 중증을 바꿀 수 있을까'라고 고민하고 연구하며 여러분이 궁금해하는 방법을 이 책에 정리했습니다.

당신은 심리학자도 정신과의사도 아니잖아요! 그렇습니다, 저는 '붓글씨 쓰는' 사람입니다. 그런데 왜 긍정적인 사람이 되기 위한 책을 쓰냐고요? 그 이유는 제 꿈이 '세계 평화'이기 때문입니다.

제가 세계 평화에 대해 진지한 생각을 하게 된 것은 뉴욕에서 일어난 9.11 테러가 계기였습니다. 미국이 공격 받는 것을 보며 '곧 전쟁이 일어날지도 모른다', '교과서에서만 보던 전쟁에 나도 연루될지도 모른다'는 공포를 실감나게 느꼈습니다.

세계 평화가 무력하게 느껴지다니……. 우리가 당연하다고 여기고 있던 평화의 무력함에 망연자실했습니다. 저는 평화라는 말에 확고한 믿음을 가지고 있었으니까요. 누구나 마음 편히 행복을 느끼고 영속적으로 사는 것이 평화라고 생각했지만 그 동안의 제 생각과 제가 처한 현실은 다르다는 것을 깨달았습니다.

9.11 테러가 일어난 그날, "평화, 평화"라 외치던 우리의 일상에, 전쟁이라는 무서운 존재가 예전부터 거기에 있었던 것처럼 불쑥 얼굴을

내밀었습니다.

평화는 원래 물과 같은 것입니다. 물은 증발해서 구름이 되고 비가 되어 강이나 바다로 모습을 바꿉니다. 하지만 H_2O란 화학구조는 바뀌지 않습니다. 주변 모습이나 환경에 잘 순응하면서 지구를 순환하고 있습니다.

저는 선(禪) 사상에서 자주 언급되는 '행운유수(行雲流水)'란 말을 아주 좋아합니다. 일정한 형체 없이 자연스럽게 변하고 거침이 없음을 나타냅니다. 물도 바로 그렇습니다. 제가 생각하고 있는 평화의 이미지는 행운유수로 집약됩니다. 그러나 평화가 처한 현실은 행운유수와는 다른 것이었습니다.

그 동안 '평화'라는 말은 전쟁과 표리일체가 되어 있었습니다. 사람들이 평화를 강하게 바랄수록 오히려 전쟁을 불러와 버립니다. 세계 평화=개인의 평화. 즉 세계란 개인의 총집합체입니다. 세계 평화란 가족 평화이며, 최소 단위인 개인의 행복이 곧 전 세계의 아름다운 화음을 만들어내는 것이라고 생각합니다.

저는 9.11을 계기로 "서예로 세상 사람들의 마음을 평화롭게 만들겠다"라고 결심했습니다. 서예가이기 때문에 할 수 있는 일이 있지 않을까 하고 계속 그 길을 달려왔습니다.

서예는 붓으로 글씨를 쓰는 예술입니다. 말을 눈에 보이는 형태로 아름답게 표현할 때의 힘은 인류의 예상을 훨씬 넘어선다고 믿고 활동해 왔습니다.

한편으로는 전쟁을 막을 방법은 뭐 없을까 모색하고 있었습니다. 평화는 기도하고 바라기만 해서는 안 되는 것 같습니다. 자신의 무력함에 몇 번이나 좌절도 했습니다. 그렇다면 미움이나 다툼에 대항하는 '힘'이란 무엇일까요.

어쩌면 의외로 간단한 방법이 있을지도 모른다는 생각이 어렴풋이 들었습니다.

2009년 봄 무렵의 일입니다. 휴일을 맞아 온 가족이 바닷가 백사장을 걷고 있었습니다. 밀려오는 파도를 바라보는 것만으로도 마음이 편안해졌습니다. 하지만 아들과 딸은 뭔가 심상치 않아 보였습니다. 남매는 전날 밤에 싸웠는데, 그 화가 여전히 풀리지 않았던 모양입니다. 두 아이는 태도가 험악해지더니 마침내는 모래사장에서 멱살까지 잡고 싸웠습니다. 어느 쪽도 양보하지 않습니다. 아내가 그만하라며 야단쳐도 싸움은 끝나지 않습니다.

그때 저는 딸을 안고 아들과 멀리 뚝 떨어뜨려 놓았습니다. 그리고 거리를 유지한 채 잠시 가족 모두 산책을 했습니다.

돌아가는 길에 저는 아들과 딸에게 "자, 이제 싸움을 계속해도 좋아"라고 말했습니다. 그러자 두 사람은 어리둥절해하면서 "왜?"라는 얼굴이었습니다. 방금 전까지 그렇게 싸우고 있었는데 어느새 까맣게 잊고 평소의 사이좋은 남매로 돌아가 있었습니다.

'어라? 이렇게 간단히 싸움이 끝날 수가 있다는 말인가'

그때 저는 깨달았습니다. 험악한 전쟁도 일단 대립하고 있는 국가와 국가를 떨어뜨려 놓으면 좋다는 것을 말입니다. 잠시라도 전쟁을 중단시키면 나중에 다시 전쟁을 치르는 것이 귀찮아지겠죠. 어쩌면 전쟁을 없애는 것이 이 방법으로 가능할지도 모릅니다.

그런 생각이 들었을 때 내 마음에 "쿵" 하고 '감사'라는 말이 떨어졌습니다.

"감사"

미우라 해안에서 감사가 내려온 순간 한 가지 비전이 떠올랐습니다.

"세계 감사의 날을 만들자!"

그 생각이 떠올랐을 때는 소름이 돋았습니다. 감사의 날을 만드는 이유와 실현을 위한 계획이 끝도 없이 떠오릅니다. 아내에게 지금부터 하는 말을 전부 메모 해달라며 황급히 부탁할 정도였습니다. 이 사건을 계기로 매년 저의 생일이기도 한 6월 9일에 세계 감사의 날 이벤트인 "감사69"를 계속하고 있습니다.

"감사69"는 '인류의 감사력을 한꺼번에 모으는 축제'입니다. 안타깝게도 우리는 문명의 발달과 함께 감사하는 것을 잊어가고 있습니다. 제가 아들과 딸의 싸움을 멈추게 한 것처럼 서로를 좀 떼어놓기만 해도 싸움은 없어질 겁니다. 대부분의 경우 일이 잘 안 풀리는 때는 감사가 부족할 때입니다. 타인에 대한 감사가 부족한 경우 무슨 일이 일어나기 쉽습니다.

일상생활의 공공 서비스도 당연하다고 생각합니다. 수도꼭지를 틀면 물이 나오고, 슈퍼에는 금방 잡은 고기나 생선이 진열되어 있고, 날씨가 이상기온일 때도 쌀과 채소를 얼마든지 살 수 있습니다. 불과 200년 전의 사람이 본다면 기적과도 같은 생활임에도 우리는 거의 감사할 줄을 모릅니다. 도리어 이것저것 부족하다며 불만이 많습니다.

갖고 있는 것이 당연하다는 파장은 감사의 파장과는 정반대입니다. '당연히 있어야 한다'고 생각하는데 없으면 과잉 반응을 낳습니다. 그것이 결국 막연한 위기감으로 바뀌면서 누구를 공격하거나 싸움을 유발하게 되지요.

때문에 지금이야말로 감사할 때라고 생각합니다. 원래부터 모든 사람은 마음을 감사의 상태로 만들 수 있는 스위치를 가지고 있습니다. '감사69'는 그 스위치를 켜는 계기가 되었으면 하고 시작했습니다. 한 번 켜진 스위치는, 연쇄적으로 옆 사람, 그 옆 사람의 감사의 문도 활짝 열어가겠죠. 이 세상에 감사 신호등이 한꺼번에 켜지면 전쟁 따위는 일어나지 않을 것입니다.

일본에서 40만 부가 넘는 판매고를 올린 베스트셀러 《긍정의 교과서》에는 제가 최선을 다해 정리한 방법들이 들어 있습니다. 누구나 할 수 있고, 당장 도움이 되는 것들뿐입니다. 이 방법은 성격과는 관계없습니다. 하물며 나라도 민족도 관계없습니다.

최근 일본과 한국의 관계에 대한 여러 가지 부정적인 보도가 범람하고 있습니다. 하지만 제가 아는 한국인들은 모두 상냥하고 따뜻하고 존경할 만한 분들뿐입니다. 한국에 대한 고마움을 들자면 끝이 없을 정도지요.

조금이라도 한국의 독자분들이 행복해지는 데 도움이 된다면 이보다 기쁜 일은 없을 것입니다. 감사를 바탕으로 하루하루를 살아가면 긍정적인 사람이 될 수밖에 없습니다.

너무너무 좋아하는 한국의 여러분께 사랑을 담아!

다케다 소운

차례

제1장

감사

"오늘은 무엇에 감사해 볼까요?"

01
우리들이 만날 **확률**

감사의 힘은 위대합니다. 많은 사람들이 이를 알고 있지만, 매사에 감사하기란 쉽지 않습니다. 힘든 일밖에 없어서 감사하기 쉽지 않고, 자기 자신에게 감사하다고 하는 것은 있을 수 없다고 말합니다.

제가 강연하면서 많이 하는 이야기가 있습니다. 바로 제 부모님의 만남에 관한 이야기입니다.

부모님은 고등학교 동창이었지만 학교에서는 그저 얼굴을 아는 정도였습니다. 두 사람이 스무 살 때였습니다. 부친은 파친코 게임을 하다 돈을 잃고 엄청 기분이 상해서 툴툴거리며 가는 길이었습니다. 어머니는 남자친구와 데이트 도중에 싸우고 헤어져 뾰로통한 표정으로 구마모토 거리를 걷고 있었습니다. 그 두 사람은 파친코 앞에서 부딪혔습니다.

"앞 좀 보고 다녀."

"그쪽이야말로."

"어?"

"다케다 씨?"

두 사람이 부딪히지 않았더라면 저는 태어나지도 않았을 겁니다. 아버지가 파친코에서 돈을 잃지 않았더라면, 어머니가 남자친구와 싸우지 않았더라면, 저는 이 세상에 존재하지도 않았을 겁니다.

아니, 저뿐만이 아닙니다. 우리들은 모두 부모님이 낳아주셨습니다. 그 부모님도 낳아주신 부모님이 있습니다. 그 부모님 또한 각각의 부모님이 낳아주셨습니다.

열 세대를 거슬러 올라가면 1024명입니다.

스무 세대면 104만 8576명.

마흔 세대면 1조 995억 1162만 7776명입니다.

이 중에서 한 명의 인생이 조금이라도 어긋났다면 지금의 나는 없었을 것입니다.

아득히 오랜 시간 동안 이어져온 생명이 지금의 나입니다.

300년, 600년, 1200년. 45억 년 전 태초의 한 점으로부터 말이지요.

그 생각만 해도 눈물이 나올 것만 같습니다. 아, 나 자신을 좀 더 소중히 해야겠구나. 나 자신은 그 덕택에 살아 있구나. 그런 생각이 들지 않으십니까? 이런 생각을 하는 것만으로도 어찌나 고마운지 감사의 마음이 넘치지 않으십니까?

저는 직장에서 만난 많은 부부들을 인터뷰했습니다. 부부 사이가 좋지 않은 사람들이 공통적으로 하는 말이 있습니다.

"신랑이 ㅇㅇ을 해주지 않는다."

"와이프가 ㅇㅇ을 해주지 않는다."

이와 달리 사이가 좋은 부부들이 공통적으로 하는 말이 있습니다.

"신랑이 ㅇㅇ을 해주었습니다."

"와이프가 ㅇㅇ을 해주었습니다."

사실 작은 차이입니다. 하지만 결과는 엄청난 차이가 되어 나타납니다.

'ㅇㅇ 해주지 않는다'고 생각하는 사람은 늘 불만이 도사리고 있습니다. 반면 'ㅇㅇ 해주었어요'라는 사고방식을 가진 사람은 헌신과 감사로 매사에 임합니다. 늘 불만이 가득한 사람과 항상 'ㅇㅇ덕택이다, 감사하다'고 생각하는 사람은 어느 쪽이 행복할까요? 어느 쪽이 잘 풀릴까요? 말할 것도 없겠지요!

우리들은 믿을 수 없을 정도의 낮은 확률을 뚫고 태어났습니다. 그러한 우리들이 만나서 결혼할 확률은 상상을 초월할 만큼 낮을 것입니다. 그런 생각을 하면 "ㅇㅇ 해주지 않는다"라는 말은 할 수 없겠지요.

자신이 존재할 확률, 부부가 만날 확률, 누군가와 만날 확률, 무언가와 만날 확률 등을 잠시라도 생각하면 지금 당장 감사하지 않는 것이 이상할 정도입니다.

'이거 안 해줘, 저거 안 해줘' 하는 생각이 머리를 스친다면 얼른 'ㅇㅇ를 받았어'라고 생각해 보세요. 감사의 힘으로 불만을 지워보세요.

02
보답형 인간이 되어보자

저는 십수 년 동안 가나가와 현의 쇼난에서 서예교실을 운영하고 있습니다. 어린이는 물론 나이 드신 분까지 여러 세대가 다니고 있습니다.

제 서예교실의 학생 중에 중견기업에 다니는 A씨가 있습니다. A씨는 실적이 타의 추종을 불허하는 잘나가는 영업사원입니다. A씨가 독립을 결심하고 회사에 사직을 알리자 사장은 말렸습니다. 결국 A씨는 사직을 미뤘지만 얼마 후부터 회사에 흐르는 흉흉한 공기를 느꼈습니다. 그리고 다른 직원들에게 험담을 듣기 시작했습니다.

그 얘기를 듣고 저는 A씨에게 한 가지 제안을 했습니다. '보답형 인간'이 되라는 직언이었습니다. 보답형 인간이란 제가 블로그에 제안하고 설명하자, 엄청난 반응을 불러일으킨 감사의 방법입니다.

구체적으로 말하면 간단합니다. **'먼저 감사해버려라'**입니다.

저는 개인전을 열 때마다 모든 스태프들에게 먼저 감사하기를 실천합니다. 내 존재를 알아주어서, 작품이나 세계관에 공감해주어서, 후원기업을 생각해주어서, 아틀리에까지 찾아와 주문해주어서, 같이 웃어주어서, 같이 아이디어를 짜주어서, 같이 공간을 만들어주어서 감사하다고, 말합니다. 이렇게 감사함을 100퍼센트 채운 개인전이 열립니다. 그러면 모든 것이 순조롭게 진행됩니다. 함께하는 모두가 행복하게 됩니다.

이처럼 보답형 인간은 감사함을 먼저 느끼고 먼저 만족하는 사람을 말합니다. 처음부터 관계되는 모든 사람들에게 마음으로부터 감사하며 협력합니다.

가족도 마찬가지입니다. 가족인 것만으로도 감사해하고 하루하루 어떻게 은혜를 갚을 것인지 생각하면서 가족을 대하면 됩니다. 그렇게 하면 모든 일이 순조롭게 풀립니다. 아름다운 이론이라고요? 아닙니다. 실천한 사람만이 그 결과를 체험할 수 있습니다. 그리고 내가 선택받았다고 마음 깊이 느끼게 됩니다.

보답으로 극적인 변화

A씨는 곧바로 보답형 인간을 실천했습니다. 혼자 있을 때도 회사에 있을 때도 항상 "덕분에"라는 말을 입에 달고 살았습니다. '진심으로 보답하고 싶다'고 생각한 순간부터 기적이 일어나기 시작했습니다.

놀랍게도 사장과 사원들 모두 A씨를 축복해 주었습니다. 깜짝 파티까지 해주었다고 합니다. 사직을 말리던 사장이 감사의 선물로 "독립 후에도 전면적으로 지원해주겠다"고 약속했습니다. A씨는 제게 보답형 인간의 놀라운 효과를 흥분한 어조로 들려주었습니다.

B씨도 보답형 인간을 실천에 옮겨 마법 같은 변화를 얻었습니다. 농업 관련 회사 영업사원인 B씨는 이전에는 꿈도 의욕도 없는 30대였습니다. 그러나 수년 동안 제 서예교실에 다니면서 '일본의 농업을 빛나게 만들겠다'는 꿈을 발견했습니다. 종종 서예교실에서 저와 함께 그 꿈에 대한 이야기를 나누기도 했습니다. 그러자 극적인 변화가 일어났습니다. '돈을 받고 농업에 관한 일을 회사에서 배우고 있다'고 B씨의 관점이 바뀐 것입니다. 그러자 회사에 감사하는 마음이 솟아나고 '회사에 보답하고 싶다!'는 마음이 생겼다고 합니다.

그 결과 놀랍게도 그는 전국 만여 명의 영업사원 중 매출 10위 안에 들게 되었습니다. 그러자 회사에 보답하고 싶다는 의욕이 또 솟아올랐습니다.

이 방법은 여러 가지로 응용이 가능합니다. 일, 가족, 친구, 돈, 건강 등에 불만을 가지느냐 감사하느냐는 누구나 선택할 수 있습니다. 그의 기적 같은 변화는 다른 학생들에게 커다란 힌트를 일러주었습니다.

또한 학생들에게 불평과 불만을 많이 샀던 음악교실 선생님은 보답형 인간을 실천하자 이제는 감사하다는 소리를 듣는답니다. 이뿐만 아닙니다. 부부나 부모 자식 간 사이가 극적으로 좋아진 분들도 많습니다.

무엇에 보답할까

보답형 인간의 위대한 점은 '보답하자'라고 생각하는 순간부터 나타납니다. 뇌가 맹렬한 속도로 내가 지금까지 받은 은혜나 보살핌을 검색하기 시작합니다. 그리고 과거의 은덕뿐만 아니라 여태껏 몰랐던 부분까지 감지합니다. 이는 상상 이상으로 엄청난 일입니다.

부족하고 불안했던 파장에서 벗어나면 점점 감사의 파장으로 전환이 되기 시작합니다. 먼저 감사해버리세요. 감사할 점들을 많이 발견하고 보답하고 싶다고 진심으로 생각하면 기적이 일어납니다.

"자, 오늘은 무엇에 보답할까나?"

작은 목소리도 좋으니 몇 번이고 되뇌어보세요. 이 리듬이 중요합니다. 먼저 입으로 외워보면 알 수 있습니다. 몇 번이고 반복해서 외우다 보면 '그래 알겠어!'라고 체감하게 됩니다. 보답은 상상을 초월합니다. 그러니 우선은 무조건 감사하는 겁니다. 불만을 뒤집으면 됩니다. 자, 오늘은 무엇에 보답하시겠습니까?

03

아무리 해도 지나치지 않는 **감사**

저는 감사에 열중하는 사람입니다. 주위에서 두 손 두 발을 다 들 정도로 감사를 좋아합니다. 6월 9일을 '세계 감사의 날'로 지정하는 프로젝트까지 세울 정도로 감사에 열중합니다. '감사', '고마워' 등의 글자를 얼마나 많이 썼는지 셀 수도 없습니다. 잠자리에 들기 전에 무엇을 감사하면서 잠들 것인가 매일 생각합니다. 먹을 때나 세수하기 전에도 눈을 감고 손을 모아 감사 자세를 취합니다.

최근에는 아이들도 저를 따라 하기 시작했습니다. 예를 들면 연어 소금구이를 먹을 때는 모두가 눈 감고 두 손을 모아 "연어 씨의 나라에 잘 다녀왔습니다"라고 감사하며 맛과 향을 음미합니다. 그리고 "다녀왔습니다" 하며 다른 반찬으로 옮겨갑니다.

감사라고 하면 왠지 심각하고 딱딱한 느낌이 있지만 저와 아이들은 게임을 하듯이 감사를 즐깁니다. 예를 들면 '오늘은 무엇에 집중해서 감사할까'라고 생각합니다. 그때 아이가 앞에 있는 타월을 들고

"타월은?" 하고 말합니다. 그러면 매일 고맙게 쓰고 있는 수건과 목욕 타월에 집중적으로 감사하는 겁니다. 어쩌면 그렇게 기분 좋은 감촉을 주는 건지, 기분 좋게 수분을 흡수해주는 건지, 타월을 만든 기업과 가공에 필요한 기계를 만든 기술자와 그밖에 관련된 사람들 등등……. 점점 상상의 나래를 펴며 감사를 즐깁니다. 인터넷에 타월이라고 치면 상상 이상의 정보를 얻게 되어 더욱 감사의 폭이 넓어집니다. 미국에는 '아무리 감사해도 지나치지 않다'는 속담이 있습니다.

안 좋은 일이 계속되면 감사보다 불안감이나 질투심이 더 커지지요. 그런 분에게 꼭 권하고 싶습니다. '지금 우리들이 살고 있는 이 세상에 무조건 감사하자'고 말입니다.

예를 들면 저는 이렇게 감사를 떠올려봅니다.

"대체 누구야? 이렇게 멋있는 세상을 만든 녀석은? 셀 수 없는 다양성을 지닌 생명체를 만들어 내고, 눈부시게 아름다운 석양을 만들어 내다니! 청명한 아침 해돋이는 너무 감동적이라 깜짝 놀랐잖아! 야 너무 심하게 하면 감사해 버린닷! 정말이지, 감사를 멈출 수가 없다고."

방법은 사람에 따라 다르다 치지만, 이런 말투가 아니더라도 "아, 감사해유"라고 해도 좋습니다. 저와 함께 적어도 하루에 1% 정도는 감사하겠다는 마음으로 살지 않겠습니까? 감사의 퍼센티지가 올라갈 때마다 멋진 일이 생기는 횟수도 늘어나니까요. 맹세코!

04
감사 안경을 써라

　현대인은 '손님'처럼 왕대접 받는 일에 익숙합니다. 때문에 '결점 찾기 안경'을 쓰고 있는 경우가 많습니다. 음식점에 가면 "점원의 태도가 나쁘다", "음식이 맛이 없다", "화장실이 지저분하다"…… 등등 반사적으로 결점 찾는 일에 열중합니다. 물론, 결점은 금방 찾아낼 수 있습니다.

　제 서예교실에서는 학생들에게 매월 여러 가지 과제를 내줍니다. 예를 들면 '감사10조'라는 과제는 자신의 주변에서 열 가지의 감사할 일을 찾아서 감사하자는 것이었습니다. 감사할 일을 찾는 동안에 지금까지와는 다른 경치와 현상이 있다는 것을 느낍니다. '결점 찾기' 시점에서 '감사' 시점으로 바뀌니까요.

　'결점 찾기 안경'에서 '감사 안경'으로 바꾸어 쓰는 겁니다. 그러면 그 동안 못 봤던 여러 가지가 보이기 시작합니다. 예를 들어 감사 안경을 쓰고 산책을 나가면 셀 수 없이 많은 감사거리와 만날 수 있습니다. '태양', '바람', '나무들'은 물론 도로를 만들어 준 사람들, 관리해 주는 사람들, 전주, 전선, 안전을 지켜주는 경찰관, 교통법규를 만드는 사람…… 등등. 감사 안경을 쓰고 걸으면 내가 얼마나 많은 멋진 것들에 둘러싸여 생활하고 있는지 알게 됩니다. 감동해서 마음이 벅차오릅니다.

감사 안경을 쓰고 패밀리 레스토랑을 가도 좋습니다.

"와! 무료로 물이 나오네. 거기다 맛까지 좋아!", "자동문아 고마워", "호출 버튼을 누르자 점원이 웃으면서 바로 달려오네!"

패밀리 레스토랑만 가도 정말이지 감동의 폭풍이 밀려옵니다.

냉정하게 생각해봅니다. 나는 이 세상에, 나보다 먼저 산 과거 사람들이 이룬 노력의 결정체 위에 살고 있습니다. 밤하늘의 별만큼이나 수많은 갖가지 이름 없는 욕구와 소원들이 많은 인간의 노력들로 이루어져서 지금이 있습니다. 감사할 일은 무한대로 찾을 수 있습니다.

'감사 안경.'

이것을 쓰면 당신의 '결점 찾기'는 이제 끝입니다. 식당에 들어서서도, 전철을 타도, 누구와 함께 있어도 감사할 수밖에 없습니다.

네? 감사 안경을 어디 가면 구할 수 있냐고요?

무슨 말을 하는 겁니까? 감사 안경은 누구나 태어날 때부터 쓰고 있습니다. 다만 스스로 잊어버리고 손질을 안 해서 흐려 있을 뿐이죠. 자, 내 흐린 안경을 반짝반짝 닦아봅시다.

05
이미 가진 것을 세어 보자

오늘날 일본은 다른 나라 사람이 볼 때 놀랄 정도로 편리하고 복 받은 나라입니다. 세계 곳곳의 맛있는 요리를 먹을 수 있고, 거리는 깨끗하고 전철 시간은 정확하기로 유명합니다.

수도, 전기, 가스 등 인프라 설비도 세계 최고로 편리합니다. 주거 면에서도 온수비데, 텔레비전, 밥솥, 청소기, 전자레인지, 세탁기, 식기세척기, 게임기, 컴퓨터 등 굉장한 물건들로 넘쳐납니다. 집을 나서면 편의점, 가구점, 카페, 패밀리 레스토랑, 요정, 마사지, 찜질방, 미용실……. 셀 수 없이 많은 편리한 생활이 우리의 손닿는 곳에 있습니다.

그러나 우리는 왜인지 그 편리한 생활이 '당연'하다고만 생각합니다. 정말 안타까운 일이죠.

없는 것, 갖지 못한 것을 세고 있으면 마음은 쓸쓸하지요. 한편으로 우리는 '이미 있는 물건'을 쉽게 잊어버립니다. 왜 잊어버릴까요.

그 이유는 너무나 익숙해져서 관심이 없어졌기 때문입니다. 하지만 조금씩 의식적으로 이미 있는 물건을 헤아리다 보면 마음이 안정됩니다.

쓸데없는 욕심이 사라지는 겁니다. 심장이 뛰고 있고 손발이 멀쩡하고 일본에 살 수 있고……. 하나하나 세다 보면 얼마나 자신이 행복한가요. 가슴 한구석이 따뜻해져옵니다. '있는 것, 가진 것'에 집중하면 어느새 나의 행복이 커져간다는 법칙입니다.

조그만 일에도 감동을 느끼자

어떤 분이 "일본에서 태어난 순간 우리들은 이미 이긴 것"이라고 하셨습니다. 이기고 지는 기준은 둘째 치고 해외에 나가면 일본이 얼마나 행복한 나라인지 통감할 수 있습니다.

"○○해주지 않는다."

"생각처럼 잘되지 않는다."

"마음대로 되지 않는다."

그런 생각만 하고 그런 말만 하고 있으면 행복한 자신을 영영 깨닫지 못합니다. 스스로 불행의 바다로 빠져들고 맙니다.

그래서 저는 의식적으로 '대단하다 대단해'라며 모든 것에 감동합니다.

우와, 이불이 대단하네.

우와, 수도가 대단하네.

우와, 휴대폰이 대단하네.

우와, 요구르트가 대단하네.

우와, 공기가 대단하네.

우와~ 우와……. 진짜 좀 미친 거죠.

왜냐하면 저는 이렇게 대단한 시대에 태어나고도 주어진 걸 당연하게 여기며 산다는 게 안타깝기 때문입니다. 정말 아깝다는 생각이 들지 않으십니까? 어느 날 갑자기 모든 것에 감사하라고 하면, 누군들 쉽지는 않겠지요. 그래서 권하고 싶은 것이 있습니다.

'그날 있었던 조그마한 일에서 감동을 찾아내는 연습하기'

감동하고 있으면 감성이 발달합니다. 마음이 만족스러우니 감사의 마음도 자연스레 솟아나옵니다.

자신의 마음은 자신이 움직이는 거지요. '가드레일 대단하다!', '유리 대단하다!', '지퍼도 대단하다!' 이런 식으로 말입니다.

06
감사를 전하라

우리들의 생활을 한 번 더 냉정하게 돌아보면 수많은 편리한 물건들로 둘러싸여 있다고 앞서 말했습니다.

어느 정도 행복한가, 잠깐 적어볼까요?

수도, 전기, 이불, 휴대폰, TV, 인터넷, 가구, 양복, 편의점, 슈퍼, 식재료……. 금방 백 개가 넘어갑니다. 적어보는 것만으로도 마음이 후련해집니다.

이것들은 당연히 어떤 기업이 만들고 있습니다.

즉, 한 사람 한 사람이 매일 하는 작업이 우리 모두의 편리한 생활을 만들어 주고 있습니다. 그러니까 한 사람 한 사람이 어떤 경위로 어떤 노력을 해서 지금의 편리한 생활이 가능하게 되었는지를 상상해 보는 것입니다.

상상하면 상상할수록 자연스레 감사의 마음이 샘솟아 오를 것입니다. 감사의 마음이 차오르면, 자연히 행동이 바뀝니다.

행동이 바뀌면 결과가 바뀝니다. 예를 들면 식당에서 식사할 때 "잘 먹었습니다", "맛있습니다"라고 식당주인에게 자연스럽게 말하는 사람이 멋있습니다. 구입한 상품에 감동해서 그 마음을 전하려고 제조사에 편지를 보내는 사람이 멋있습니다. 이렇게 감동이나 오답을 솔직하게 말할 수 있는 사람을 저는 진심으로 존경하고자 합니다.

저도 패밀리 레스토랑에 갔을 때 음식이 맛있거나 서비스에 감동하면 바로 그 자리에 있는 설문지에 메시지를 쓰거나 종업원에게 말합니다. 특별히 위선이 아니고 내가 스스로 좋아서 하는 행동입니다.

물론 음식점이나 기업의 사람들도 감사를 받으면 자존감이 올라가겠지요. 전국의 사람들이, 나아가 세계의 사람들이 서로서로 감사하고 한껏 동기부여가 되겠지요. 그러면 생각지도 않았던 경제효과가 창출되고 불행이란 없어질 것입니다.

친분이 있는 어느 제과회사 사장님이 멋진 이야기를 들려주었습니다.

"저는 사원끼리 서로 칭찬하는, 감사하는 문화를 솔선해서 만들어 왔습니다."

말뿐만이 아니라 정말 그런 분위기를 만든 회사입니다. 조그마한 일이라도 서로 칭찬하는 직원들, 맡은 일과 동료에게 진심으로 감사하는 직원들이 만든 그 과자는 많은 사람들에게 감동을 주었습니다.

감사의 말을 하는 것은 쉽습니다. 하지만 감사 문화를 시간 들여 숙

성시켜온 회사는 강하더군요. 안정적 파워로 인한 성장력은 불경기와
는 거리가 멉니다.

07
고마워요 100회

"고마워요"를 하루에 100번 이상 말하면 어떻게 될까요?

계속 좋은 일이 생기기 시작합니다.

그런 일이 책에서 소개되어 한때 화제가 된 적이 있습니다. 당연한 일이지만 "사기 같다"라든가 "의미가 없다"고 말하는 사람도 많았습니다. 그렇지만 그렇게 비판한 사람들이 '실제로 해보았을까?'라고 자문해보면, 해보지 않은 겁니다. 효과가 있는지 없는지는 실제로 해보지 않으면 모를 수밖에요.

저는 끈질기게 "고마워요"라고 말해 보았습니다. 하루에 천 번을 말한 적도 있습니다. 그러자 변화가 확실히 일어났습니다. 가족이나 지인과의 관계도 잘 풀려나갔습니다. 효과는 확실히 있었습니다.

그러나 저는 도중에 그만두고 말았습니다. 점점 힘들어졌으니까요. 너무나 무리하게 하려고 했던 것이 원인이었습니다.

그래서 편안하게 즐기면서 "고마워요"를 하기로 했습니다. 입버릇처럼 하다 보니 어느새 "고마운 일이야", "고마워요"가 반사적으로 나오더군요. "고마워요"라고 말하면 뇌가 "뭐야, 고마워요, 그뿐이야?"라고 고마운 이유를 찾기 시작합니다.

그러니까 "아, 저 사람의 개성이 나를 살렸구나"라든가 "저 사람의 행동이 복을 가져다준 것이야"라고 느껴지기 시작했습니다. 그리고 **감사함을 느끼는 일이 많아질수록 신기하게도 좋은 일이 일어나는 것**이었습니다.

다만 감사가 반사적으로 나오기까지 "고마워요"를 만 번 이상 말한 것 같습니다. 뭐든지 습관이 되기까지는 역시 시간이 걸리나 봅니다. 저는 반사적으로 감사하게 되면서 많은 것이 자연스럽게 물 흐르듯 가고 있는 것을 실감합니다. 말하긴 좀 그렇지만 변비로 죽을 고생하다 배변이 쭉쭉 잘되는 상태라고나 할까요? 무슨 일이든 힘이 들어가지 않고 술술 잘 풀립니다.

"고마워요"가 뭐가 좋으냐고요? 시간도 돈도 학력도 필요 없고 효과가 알기 쉽고 빠르다는 점이죠.

그러니 만약 "나 요즘 감사가 부족한 거 같아"라는 생각이 들거든 먼저 하루에 100번 이상 감사를 말하는 것을 최저목표로 해보세요.

08
존경할 만한 부부의 공통점

저는 오랫동안 서예교실의 결혼한 학생들이나 일로 만나는 이들을 통해 부부연구를 해오고 있습니다. 부부의 본심과 고민, 서로 하고 싶은 말을 많이 묻고 들어왔습니다.

일종의 연구라기보다 기혼자를 만나면 "대단해, 정말 대단해"라면서 이것저것 사사건건 캐묻습니다. 일종의 호기심이 발동해 저절로 인터뷰를 하게 됩니다. 존경할 만한 부부의 공통점은 간단하더군요. **서로 존중하고 감사한다는 것**이었습니다.

한 남자는 이렇게 말했습니다.

"왜냐하면 아내는 나를 위하여 몇 십 년간 집안일을 해주고 제 이야기 상대가 되어주었으니까요. 만약 아내 역할 도우미를 외부에 의뢰한다면 비용이 얼마만큼 들었을지 상상할 수 없네요. 게다가 다른 사람이 줄 수 없는 신뢰와 위안까지 다 따져 보면 아내에게 눈물이 날 정도로 고맙죠."

어느 부인은 남편에 대해서 "나랑 있어 주는 것만으로도 고맙습니다"라고 진심으로 자연스럽게 말해주었습니다. 이런 말이 의심스럽다고요? 막 애인을 사귀었을 때 생성되는 과한 호르몬으로 속인 것이 아닙니다. 열정의 마법은 언젠가 풀리는 법이죠. 그런데도 존경할 만한 부부는 긴 시간을 들여서 숙성된 신뢰관계를 만들어 냈습니다. 마치 세계 제일의 스포츠 팀이나 카리스마 밴드의 아름다운 팀워크를 보고 있는 것 같습니다.

역시 열쇠는 **감사의 힘**이었습니다. 감사를 가위바위보처럼 자주 하는 것이죠.

부부의 길은 멉니다. 이 긴 길을 어떻게 즐기면서 가느냐가 중요합니다. 하지만 이런 이야기를 하면 "그런 멋진 남편 두어서 좋겠네요. 우리 남편은……." 이러는 분이 꼭 있습니다. 아니 실제로 그런 사람이 더 많지요. 만약 남편이 감사해주지 않는다면 **'먼저 감사'**하는 것이 중요합니다. 뭔가 받은 '후에' 감사하는 것이 아니라 '먼저' 감사해 버리는 것입니다. 그러면 상대도 보답하고 싶어집니다. 상대방은 당연히 받은 만큼 주고 싶어집니다. 그러면 이번에는 내가 다음에는 상대가……. 그러면서 보답하기 경쟁이 이어집니다.

맞아요. 가장 멋지고 존경할 만한 부부는 '보답형 인간'입니다. 두 말할 나위 없는 최강의 법칙이죠. 긍정 중에서도 '감사'는 가장 중요한 요소라는 것, 그냥 외우세요.

부정적인 이야기, 첫 번째

모두들, 오늘도 부정적으로 말하기 특훈이다!

오늘의 주제는 '여기까지가 한계입니다'이다!

다카다 말해봐!

"저의 연봉은 500만 엔이 한계입니다."

안 되겠다. 다음은 요시모토!

"저와 아내와의 관계는 이것이 한계입니다."

안 되겠군. 다지마!

"저의 연봉은 1억이 한계입니다."

좋아, 잘하고 있어! 와타!

"저와 집사람은 사이좋은 것으로 노벨평화상을 받을 정도가 한계입니다."

좋았어. 아주 좋아. 어차피 한계를 말하려면 그 정도로 크게 해야지!

"코-코, 코치님! 대체 부정적으로 말하기의 목표 지점은 어디인가요?"

제2장

받아들이기

とらえ方

"마음먹기에 따라 상처 받지 않을 수 있습니다"

받아들이는 방법을 바꾸면 인생이 바뀐다

하루하루 행복을 느끼면서 생활하는 사람이 있습니다. 반면 매일 매일 불만, 불안, 불행을 느끼면서 살아가는 사람도 있습니다. 같은 시대를 살아가면서 비슷한 환경에서 자랐는데 이러한 차이를 만든 원인은 뭘까요? 성격일까요? 인격일까요? 운명일까요? 모두 아닙니다. 정답은 **삶을 받아들이는 방법**입니다.

같은 환경에 처해있어도 사람에 따라 삶을 받아들이는 방식은 다릅니다. 예를 들면 같은 찬물을 만지고 '시원해서 기분이 좋아'라고 생각하는 사람이 있고, '너무 차서 몸에 나빠'라고 생각하는 사람이 있습니다.

또한 정장을 입으면 의욕이 떨어진다는 분도 많습니다. 아마 그건 정장이 근무복이라는 인식 때문이겠지요. 일하러 가야 한다는 의무감과 반복되는 일에 따른 태만감이 생겨났기 때문입니다. 반대로 연인과 함께 드레스 코드가 있는 레스토랑에 갈 때 입는 정장은 설레임의 날개가 되겠지요. 신기합니다. 똑같은 정장을 입었는데 근무할 때와 데이트할 때의 기분은 전혀 다릅니다. 즉 정장을 어떻게 생각하는가는 본인의 생각여부에 달렸습니다.

모든 일이 그렇습니다. 공부도, 일도, 부부생활도, 자녀교육도, 하루하루의 일과도 어떻게 받아들이느냐는 자신의 마음에 달렸습니다. 결국 해야 한다면 전부 즐기면서 하는 게 좋겠지요. '어쩔 수 없이 하느냐, 신나게 하느냐'는 타인이나 환경을 떠나 자신이 조절할 수 있습니다. 그것이 가능하다면 내 인생을 멋지게 바꿀 수 있습니다.

받아들이는 방식을 바꾸어라

인생을 바꾼다는 건 엄청난 기적같이 여겨집니다. 인생역전이란 이미지 탓인지도 모르겠습니다. 하지만 그런 큰 변화도 들여다보면 조그만 변화가 쌓여서 이루어진 결과입니다.

예를 들어 전철비를 많이 냈을 때 '손해 봤다. 만회해야지'라고 생각하느냐, '고마운 철도회사에 기부했네'라고 생각하느냐는 다른 결과를 가져옵니다.

매일매일 일어나는 소소한 일을 조금씩 긍정적인 사고로 바꾸어 가는 것입니다. 긍정이 차곡차곡 쌓인 결과물은 엄청난 변화를 낳아, 주위 사람들이 기적이라고 부르게 됩니다.

또 타인의 행동에 대해서도 응용할 수 있습니다. 다른 사람의 행동으로 마음의 상처를 받지 않는 사람은 없겠지요? 누구나 상처 받을 수 있습니다. 그럼 상처라는 건 어떤 때에 상처가 되는 걸까요?

예를 들어 머리숱이 많은 사람에게 "대머리"라 부르는 것은 전혀 상처가 되지 않습니다. 그러나 숱이 적어 고민인 사람이 "대머리"라는 말을 들으면 상처를 받습니다.

맞습니다. 자신에게 상처를 주는 것은 타인이 아닙니다. 받아들이는 자신의 마음입니다. 다른 사람이 하는 말까지 우리가 통제하거나 조절할 수는 없습니다. 누구나 다양한 말을 할 수 있습니다. 여러 가지 가치관, 다양한 생각이 난무합니다. 까다로운 사람도 많이 있습니다. 그런 사람들에게 상처 받는 말을 듣기 싫다고 도망갈 수는 없습니다.

그렇다면 상처 받지 않도록 말을 '받아들이는 방법'을 바꾸면 됩니다. 솔직히 말해 쉽지 않을 겁니다. 간단하게 바꾸면 뭐가 걱정이겠습니까. 너무너무 힘들지도 모릅니다. 왜냐하면 가장 민감한 부분이니까요.

상처 받지 않는 사람은 없다. 그러니까……

제가 권하는 방법은 '자신의 마음상태가 좋을 때에 자신과 대화해볼 것'입니다. 예를 들어 살이 쪄서 고민인 사람이라면 이렇게 자신과 대화를 나눠봅시다.

'뚱뚱한 것이 싫은 이유는?'

'흠, 왜 그런지 모르게 뚱보라는 말을 들으면 엄청 기분 나쁘고 슬퍼.'

'왜 그럴까, 뚱보면 어떤 부정적인 면이 있을까?'

'왠지 돼지냄새가 날 것 같잖아? 그리고 전혀 인기 없을 것 같고. 바보 취급도 당할 것 같고.'

'뚱뚱해도 인기가 있거나 존경받는 사람은 없는 걸까?'

'아, 그러고 보니 꽤 있네!'

'오! 왠지 뚱보라도 뭐 괜찮을 것 같은 생각이 들어.'

'뚱뚱한 게 뭐 어때서!'

'오동통 동호회라도 만들까봐.'

'그러고 보니 뚱뚱하고 귀여운 여자애가 반드시 있을 거야 그치?'

'그래 누구에게 뚱보라고 놀림당해도 전혀 상처 받지 않을 것 같은 생각이 들어.'

대화를 이어나가는 비결은 가능하면 긍정적인 결과로 이끌어가는 것입니다. 확실하게 자신과 대화가 가능하다면 상처받는 것을 피할 수 있습니다. 맞습니다. **마음먹기에 따라서 상처 받느냐, 받지 않느냐를 선택할 수 있습니다.**

10
나의 착각을 **의심하라**

"난 못생겨서 결혼 같은 거 못 할 거야"

부정적인 것만을 연결지어 말하는 사람이 있습니다. 우리는 착각을 잘합니다. 곰곰이 생각해보면 얼굴과 결혼과는 거의 관계가 없습니다. 자타가 공인하는 못생긴 사람도 얼마든지 결혼합니다. 잘생겼다고 결혼하는 건 아니죠. 후쿠야마 마사하루(뮤지션) 씨나 다케노우치 유타카(배우) 씨도 마흔이 넘었지만 결혼을 안 했습니다.

다시 말해서 착각이란 'A+B=C'라고 강제로 방정식을 정해버리는 겁니다.

- 체격도 왜소하고 힘도 부족해. 그러니 메이저리그 선수가 될 리가 없어.

  ㄴ, 이치로 선수는 이런 방정식을 만들지 않습니다.
- 나는 말을 잘못하니까 영업은 잘 못해.

  ㄴ, 최고의 자리에 오른 영업사원들 중에는 말을 잘 못하는 사람

도 많습니다. 원래 어두운 성격인지 아닌지는 비교하는 상대방에 따라 다릅니다.

- 리더십이 없으니 경영은 무리다.
  ㄴ 리더십이 없기 때문에 오히려 주위 사람이 하나로 뭉쳐 적극적으로 성공한 팀도 많이 있습니다.
- 그림을 잘못 그리니까 화가는 무리다.
  ㄴ 그림을 잘 그려도 인기나 감동을 못 얻는 사람이 많습니다. 잘 그리고 못 그리고는 보는 이의 감성에 좌우됩니다. 잘 그리지 않기 때문에 새로운 그림을 그릴 수 있는 개성이 있습니다.

재능이 없어서 못한다는 사람은 재능이 있어도 아무것도 못한다. 센스가 없어서 못한다는 사람은 센스가 있어도 아무것도 못한다. 환경이 나빠서 못한다는 사람은 좋은 환경이어도 아무것도 못한다. 이런저런 이유 때문에……라고 못하는 이유를 찾아내서 "거봐, 내가 말한 대로지"라며 마치 자신이 이겼다는 듯이 자랑스럽게 말합니다. '왜 안 되는지'를 필사적으로 설명해봐야 아무런 의미도 없는데도 말입니다.

그러한 부류가 되지 않으려면 어떻게 해야 할까요?

반대로 **"어떻게 하면 되게 할 수 있을까?"**라는 질문을 자신에게 던지는 것입니다.

'돈이 없어서 못 해' ⋯▸ '돈이 없으니까 할 수 있는 것.' 사고를 긍정적으로 바꾸는 것만으로도 행동도 결과도 크게 바뀝니다.

착각을 의심하라

생각해봅시다. 매일 회사에 가는 것이 고통스럽고 대우나 보수에도 불만이 있는 사람과 일이 즐거워서 자부심을 가지고 임하며 회사에도 항상 감사할 줄 아는 사람은 어떤 차이가 있을까요?

예를 들면 같은 회사, 같은 환경에서 근무하며 봉급을 받지만 불만 투성이인 사람도 있고 행복한 사람도 있습니다. 이런 사람들은 같은 경치를 보더라도, 같은 정보를 들어도, 전혀 다른 느낌으로 생각합니다. 그게 정말 회사 탓일까요? 자신의 사고방식이나 행동의 전환으로 결과가 바뀔 가능성은 없는 것일까요? 만약 지금 자신의 직업에 의욕이 없다든지 불만이 있다면, 그것이 정말 회사나 환경 탓일까요? 다시 한번 잘 생각해보지 않으시겠습니까?

저는 회사에 다니면서 불만이 커져가고 의욕이 점점 사그라질 때면, 계속 설레는 기분을 유지하고자 많은 노력을 했습니다. 오늘날 그 경험을 살려 최대한 활용하고 있습니다. 다시 한번 자신의 생각을 의심해보세요.

11
착각에서 벗어나라

우리들은 많은 것을 단정 짓고 스스로 믿어버립니다.

예를 들면 '수면부족이라 컨디션이 안 좋다'고 합니다. 하지만 실제로는 몇 시간만 자고 컨디션이 좋은 사람도 얼마든지 있습니다. 세이로카 국제병원의 히노하라 시게아키 선생님은 100세를 넘긴 연세에도 매일 3시간 정도만 자고 세계를 누비고 다닙니다. 이와 반대로 '수면부족 = 컨디션 안 좋음'이라고 단정 짓고 있으면 실제로 내 몸도 그렇다고 착각하게 됩니다.

'결과가 그러니까 사실이 아닐까?'라고 생각하고 단정해버리기 쉽습니다. 그러나 처음부터 부정적인 생각을 하니까 그런 상태가 되는 게 아닐까요. 다르게 생각하면 세상을 보는 눈이 달라집니다. 자신이 단정 짓고 그렇다고 믿어버리는 일은 어떤 사람이든 흔히 빠져드는 함정입니다.

'나는 아침이 약해' 이런 생각을 떠올리게 되면 약한 이유를 모으게 됩니다. 결국 '거봐, 그러니까 난 아침 일찍 하는 일은 내키지 않아'라고 자신에게 되뇌듯 주입합니다. 아침에 강해질 수 있는 가능성마저 없애버리고 느끼지도 못하고 맙니다.

이런 부정적인 생각을 하나하나 끄집어내서 한 가지씩 열쇠로 열고 풀어주는 작업이 필요합니다.

무작정 쓰다 보니 피곤이 사라졌다

저는 30대 중반부터 나 자신도 모르게 '일 = 피곤'이라고 생각하고 있었습니다. 20대에는 아무리 일을 해도 전혀 피곤하지 않고 힘이 솟아났는데 말입니다.

피곤한 것도 나이 탓인가 보다 생각하고 있었는데 또래 친구는 저보다 바쁘고 힘든 스케줄인데도 매일 힘이 솟는다는 것입니다.

세이로카 국제병원의 히노하라 시게아키 선생님도 "전혀 피곤하지 않아. 매일 꿈과 기운이 넘쳐흐른다"고 하시더군요. 괴물인가? 처음에는 의아하게 생각했습니다. 왜냐하면 100세니까요. 100세 노인이 안 피곤하다니! 하지만 세상에는 그런 사람이 많이 있습니다.

저는 어느새 피곤함을 대단한 것처럼 생각하게 되었습니다. '쉬어야 되는데……'라든지 '마사지 가야지'라고 생각하면 '어깨 결림'이 심해지거나, '컨디션이 나빠지는 날'이 생겼습니다. 게다가 일을 할 때마다 어딘가 피곤하게 되었습니다. 그때 저는 비전을 종이에 쓰기 시작했습니다.

[일도 가정도 매일 기운이 넘친다]

붓으로 100장쯤 썼을까요. 그랬더니 거짓말처럼 피곤한 기운이 없어졌습니다. 한 달 동안 열심히 일하고, 10시간을 말하고, 가족과 어디를 다녀왔는데도 말입니다. 더구나 점점 기운이 솟아나는 것이었습니다. 졸리던 일도 없어지고 소화력도 10대 못지않게 좋아졌습니다. 지독하게 괴롭던 어깨 결림 증세도 사라졌습니다. 이렇게 글로 쓰니 왠지 믿을 수가 없다고 생각하는 분도 많을 겁니다. 하지만 정말입니다. 가족들도 놀랐고 저도 긍정적인 글의 힘에 가장 놀랐습니다.

저는 이렇게 생각을 바꾸는 것만으로도 아침에 일어나기가 수월해졌습니다. 그러자 날씬해지고 시간적으로 여유가 생겼으며 직장일도 잘 풀리고 피곤한 것도 없어졌습니다. 계속 좋은 일만 생겼습니다. 우선 솔직히 내 생각을 바꾸는 일부터 시작해볼까요?

12
남의 탓이 아니고 **내 탓**이다

이전에 JAL 직원들이 제 작품을 사러 아틀리에로 왔을 때 이런 대화를 나눈 적이 있습니다. 이나모리 가즈오 회장이 경영파탄을 맞은 JAL을 어떻게 다시 일으켜 세웠는지 직원들에게 물었습니다. 그러자 돌아온 대답은 간단했습니다.

"남의 탓으로 돌리지 않는다."

이것만을 철저하게 8년간 행했다고 합니다. 기술이 아닌, 전 직원이 오직 '내 문제라 생각한다'에 초점을 맞추자 신기하게도 회사 안이 변화하더라는 겁니다.

맞아요. 남의 탓으로 돌리지 않는 겁니다. 남을 탓하지 않는 게 얼마나 어렵고 중요한지 모릅니다. 부모 탓, 사회 탓, 남편 탓, 정치가 탓, 그런 거 다 그만두고 자신이 당장 할 수 있는 일부터 담담히 해가는 겁니다. 그 소중함을 JAL 직원들은 체험으로 배웠습니다.

일본은 세계적으로 국민수준이 높다는 평가를 받습니다. 동일본지

진이라는 비상사태 때도 매너를 지키고 다른 사람을 배려하는 모습으로 전 세계의 갈채를 받았습니다.

최근에도 JR 미나미우라와 역에서 전철 선로에 여성이 떨어지자 승객들이 힘을 합쳐 전차를 기울여 구했습니다. 전 세계 언론이 놀라움을 금치 못하고 이 일을 보도했습니다.

이렇게 훌륭한 민족임에도 불구하고 아직도 매사를 '남의 일'로 취급하는 나쁜 습관이 있습니다. 자신의 능력에 자신 없는 것일까요? **무슨 일이든 '나의 일이다'라고** 받아들이고 행동한다면 길은 크게 열립니다.

장점을 찾지 못한다고?

인간은 누구나 결점투성이입니다. 완벽한 인간은 없습니다. 일일이 다른 사람의 흠을 찾아내 비난하면 스트레스를 받아 인간관계가 싫어지고 맙니다.

인상이 나쁘다.

신경을 안 쓴다.

태도가 나쁘다.

말투가 나쁘다.

기가 너무 세다.

배려를 안 한다.

《논어》에 **"결점은 잊고 장점을 발견하여 존경한다"**는 말이 있습니다.

누구나 들어본 적이 있을 것입니다만, 정말로 이 말을 깊이 새기고 실천하는 사람은 얼마나 있을까요. 누구나 장점을 가지고 있습니다.

네? 장점을 찾을 수 없는 사람이 있다고요?

그건 '장점이 없는 것'이 아니라 '장점 찾는 방법을 모르는 것'일 뿐입니다. 결점도 시점을 바꾸어보면 장점이 됩니다.

'일 속도가 느리다' → '한 가지씩 꼼꼼하게 하는 사람이다'

'성격이 급하다' → '시원시원하게 잘 처리하는 사람이다'

이런 식으로 말입니다.

거꾸로 장점도 경우에 따라서는 단점이 되기도 합니다.

평소에 만나는 사람의 장점을 찾아내서 "대단하다"라고 말해보세요. 반드시 관계도 변화할 것입니다. 덕분에 저는 사람의 장점을 발견하는 일에는 선수입니다.

13
할 수 있는 **이유**를 모아보라

어떤 프로젝트를 달성하려고 목표를 세웠습니다. 이에 대해 A씨는 "반드시 성공할 수 있어"라고 말합니다. 그러나 B씨는 "절대 성공할 수 없어"라고 말합니다. 자, 어느 쪽이 정답일까요?

정답은 '둘 다 정답'입니다. 왜냐하면 A씨는 '성공할 수 있는 이유를 모아서 성공을 위한 행동을 하고 성공할 때까지 실적을 쌓으니까', B씨는 '성공할 수 없는 이유를 모아서 실패를 위한 행동을 하니까' 말입니다.

이 세상의 수많은 현상에 대하여 그 답은 자신이 선택합니다. 그렇다면 당신은 어떤 선택을 하시겠습니까? '할 수 있다, 할 수 없다', '한다, 안 한다'도 자신이 정할 수 있습니다.

그런데도 우리들은 어른이 될수록 할 수 없는 이유와 하지 않는 변명, 무리라는 핑계를 찾는 것에 능숙해집니다. 어릴 때는 뭐든 될 수 있다고 생각했죠? '구름 위에 올라탈 수 있을지도'라든지 '언젠가는 세계인이 모두 사이좋게 지내는 날이 올 거야'라든가.

어른이 되면 달라집니다. '구름 위에 올라갈 리가 없잖아. 수증기가 모인 건데'라든가 '다 같이 사이좋게 지내는 건 무리야. 빈곤도 있고 전쟁도 있고 싫은 놈들도 많잖아'라고 하면서 안 되는 이유 찾기를 잘하게 됩니다.

어쩌면 방법만 잘 찾는다면 구름 위에 올라갈 수도 있지 않을까요? 세계인이 모두 사이좋게 지내는 것이 불가능하다고 누가 증명할 수 있습니까? 지금의 첨단기술이 30년 전에는 거의 없었던 점을 감안하면 미래의 실현 가능성은 적어도 0(제로)은 아닐 겁니다.

"망설이지 마라"라고 외쳐라

할 수 있는 방법을 찾는 것보다 좀 더 골치 아픈 것이 있습니다. 우리 삶에 밀접한 영향을 미치는 '할 수 있다, 할 수 없다'를 결정하는 일입니다. 특히 자신의 가능성을 '할 수 없는 이유'를 들어 완전히 묻어버리는 것이지요. 자신의 재능을 의심하거나 도전도 안 해보고 안 된다고 생각하거나 자신의 가능성을 스스로 닫아버린 경험은 누구에게나 있을 것입니다. 더 이상 후회하지 않도록 해야겠지요.

앞으로는 그런 생각이 들면 이렇게 말합시다.

"망설이지 마라."

맞습니다. 자신의 재능을 펼치는 데 '망설이지 말아야' 합니다.

자신의 가능성을 끊임없이 열어두고 재능의 꽃을 피워서 이 지구에 '환원'하는 것이 한 사람 한 사람의 역할이라고 저는 생각합니다. 왜냐하면 한번 주어진 재능이라면 썩히는 건 아까운 일이니까요.

하고 싶은 마음으로 가득 차서 근질근질한 사람, '나도 혹시 이 길로 가면 성공할 수 있지 않을까?'라고 조금이라도 생각한다면 다시 말해봅시다.

"망설이지 마라."

재능의 꽃을 끊임없이 피우고 누군가의 힘이 되어 주세요. 하고 싶은 것이 무엇인지 모르는 사람은 눈앞의 일에 전력투구해 보세요. 일이든 공부든 지금 당신 눈앞에 놓여 있다는 사실은 무언가 의미가 있을 것입니다.

'내게 맞지 않는다'라든지 '별로 좋아하지 않는다'라든지 그런 말을 하기 전에 전력을 다해 해보는 겁니다. 사람이란 쉽게 '안 되는 이유'를 찾아냅니다. 이렇게 '할 수 없는 이유'를 찾아서는 '하지 않는 것'을 정당화하려는 심리가 작용하는 것입니다. 하지만 뭔가 이유를 들어 하지 않는다고 해서 그 시간에 다른 뭔가를 했습니까? 쓸데없이 시간만 보내고 할 일은 쌓여 있지 않습니까?

'하고 싶은 게 뭔지 잘 모르겠다', '특별히 좋아하는 게 없어'라는 사람은 눈앞에 있는 일에 전력투구 해보세요. 그리고 '할 수 있는' 이유를 많이 모아 보세요.

'난 왜 안 될까?'라고 생각을 할 때 뇌는 '못한 이유'와 '안 되는 원인'을 엄청난 속도로 검색하고 탐색하기 시작합니다. 그리고 신기하게도 '안 되는 이유'를 모아서 답을 적었다고 생각합니다. 이제부터라도 그걸 거꾸로 이용해서 뇌를 좋은 방향으로 사용하지 않으시겠습니까?

예를 들면 '왜 안 되는지'라기보다 '어떻게 하면 될 수 있을까?'라고 자신에게 질문을 해봅시다. 뇌는 '할 수 있는 이유'를 찾기 시작합니다. 가능한 이유를 찾다보면 평소의 세세한 것에서 할 수 있는 이유를 찾게 되거나 무심코 던진 누군가의 말 한마디에서 힌트를 얻기도 합니다. '할 수 있는 이유'의 조각이 많이 모이면 찬스를 잡는 '체질'로 바뀝니다. 그리고 얼마 안 있어 실제로 할 수 있게 됩니다.

언어의 선택에 따라서 인생은 변합니다.

"어차피 난……"이라며 사양하고 있으면 모처럼의 역할을 다하지 못한 채 시기를 놓치고 맙니다. 사양하지 말고 갑시다.

14
하고 있는 일을 **좋아하라**

'좋아하는 일을 못 찾아서'라고 말하는 사람이 꽤 많습니다. 저도 그 기분을 잘 압니다. 진정으로 마음에서 좋아하는 일을 찾는 것은 쉬운 일이 아닙니다. 다만 '좋아하는 것'은 행복의 파랑새와 같아서 멀리 있는 것이 아니라 의외로 눈앞에 있기도 합니다.

실제로 지금의 저는 **매일 좋아하는 일에 둘러싸여 살고 있습니다.**

좋아하는 일에 둘러싸여 살면 일단 마음에 여유가 생깁니다. 좋아한다는 감정은 착하다는 의미와 비슷하여 사람들에게도 친절하게 됩니다.

친절하게 대하니까 상대방도 친절하게 반응합니다. 그러면 또 상대방이 좋아지고 이렇게 좋아하는 마음이 계속되지요. 좋아하는 일은 싫증도 안 나니 계속할 수 있는 에너지도 나옵니다.

좋아하는 일을 늘리는 것은 행복과 성공의 지름길이며 확실한 길입니다. 그럼 구체적으로 어떻게 하면 될까요.

'좋아하는 일을 하는 것보다 하고 있는 것을 좋아해라.'

어른이 될수록 만나는 사람이 늘고 체험하는 것도 많아집니다. 그러므로 '지금'의 자신이 좋아하는 것을 찾아다니는 것보다 주변의 물건, 이제부터 만나는 많은 사람들, 물건, 자연 등을 좋아하는 것이 훨씬 낫습니다. 하루하루 만나는 것들을 좋아할 것. 아무리 해도 좋아지지 않을 때는 말로 "좋아한다"고 해주세요.

좋아하는 것을 늘려라

예를 들면 내일 처음 만나는 사람이 있으면 그 사람의 결점 찾기를 일단 그만둡시다. 그리고 그 사람에게서 의식적으로 좋아하는 부분을 찾아봅니다.

전부 좋아할 필요는 없습니다. 언뜻 보기에 별로인 사람도 '아 이런 점은 좋구나'라든가 '아, 의외로 좋은 면도 있잖아'라는 생각이 들면 됩니다.

또 주변에 있는 물건을 좋아하는 방법도 효과적입니다. 예를 들면 늘 사용하는 칫솔이나 현관 매트는 존재 자체를 잊어버리고 삽니다. 그런 물건들에게 속삭입니다.

"오, 그런 방법으로 치석을 제거해주었군요. 좋아!"

"아, 언제나 발에 묻은 먼지를 가장 먼저 닦아주었구나. 좋아!"

"좋아하는 물건을 찾을 것이 아니라 눈앞에 있는 것을 사랑하라."

아무리 해도 좋아지지 않는 물건은 "그래도 좋단 말이야", "저런 부분이 좋단 말이야"라고 몇 번이고 말로 해보는 것입니다. 일단은 입에 "좋아"라는 말을 늘려보세요. 그러면 점점 기분이 상쾌해집니다. 그렇게 하니 "좋아"가 늘어나서 '좋아'에 둘러싸여 생활하게 됩니다. 정말입니다.

저는 이 책을 읽어주는 사람이 너무 좋아.

이 책을 읽고 인생에 플러스가 된 사람은 더욱 더 좋아.

이 이야기 중에서 깊은 의미를 깨닫고 실행에 옮긴 사람은 너무너무 좋아.

15
받아들이는 방식을 바꾸어라

택시 탔을 때의 즐거움은 운전기사와 얘기하는 것입니다. 운전기사와 이야기를 나누면서 한 가지 깨달은 것이 있습니다.

- A씨 – 진짜 불경기예요. 더 힘들어요.
- B씨 – 정치가들이란 다 못쓰겠어요.
- C씨 – 요즈음 승객들은 태도가 나쁜 사람들이 많아요. 말세다.
- D씨 – 택시운전이 천직 같아요. 좋은 손님들이 많아 매일매일 행복해요.

신기하지 않습니까. 같은 직업, 같은 환경인데 이렇게 차이가 납니다. D씨 같은 성향을 가진 운전기사들의 대부분은 업무실적도 월등합니다. 즉, 직업이나 업무내용은 행복이나 충실감과는 관계가 없습니다. 지금의 일에 불만이 많다면 방법은 달리 없을까요. 전혀 다른 각도에서 다시 시작해보지 않겠습니까. 어떤 직업이든 마음먹기에 따라 최악도 최고도 될 수 있습니다. 어떤 환경이든 일을 즐기는 사람에게는 좋은 일감이 계속 들어옵니다. 반대의 경우도 마찬가지입니다.

만남을 소중하게 여겨라

작가 다구치 란디 씨는 제가 운영하던 서예교실에 다니던 시절에 대단히 흥미로운 이야기를 들려주었습니다. 그녀의 책 중에서 특히 놀랍던 《기댈 것 없는 시대의 희망 – 사람은 죽는 것을 왜 사는가》가 서예교실에서 화제가 되었을 때 란디 씨가 '모은다'와 '모인다'의 차이점을 얘기해 주었습니다.

모을 집(集)은 의식, 의지를 가지고 모인다.

부칠 기(寄)는 자연히 모여든다. 인연(緣).

사람과의 만남에서 항상 인연의 대단함, 신기함을 언뜻언뜻 느낍니다. 사람과의 만남이란, 아무래도 노력해서 획득한 인맥보다 자연히 모여든 인연이 더 기분 좋고 자연스런 기분이 듭니다.

이전에 어느 유명한 경영자 클럽을 창설한 분이 아틀리에의 일 때문에 들렀던 적이 있었습니다. 그분은 소위 말하자면 비즈니스계의 성공한 인물을 많이 만나본 사람입니다.

그분에게 질문했습니다. "성공한 사람의 공통점은 무엇입니까?"

즉시 대답해주셨습니다. **'만남을 소중하게 생각할 줄 아는 사람'**이라고. 성공의 요소는 많이 있으나 모든 사람에게 공통되는 건 그것뿐이라고 합니다.

그렇다면 실제로 만남을 소중히 한다는 건 어떻게 하는 것일까요? 저는 삶을 받아들이는 방식에 힌트와 비결이 있지 않을까 생각합니다.

같은 행동을 해도 A씨는 '감사하다'고 생각하고, B씨는 '이건 위선이야'라고 생각하고, C씨는 '흥!' 그러고, D씨는 '뭔가 꿍꿍이속이 있는 거 아냐?', E씨는 '대단해! 뭔가 해주고 싶네'라고 생각합니다. 이처럼 어떤 행동을 받아들이는 방법은 사람에 따라서 다릅니다.

그건 사람뿐만이 아닙니다. 비가 오더라도 '하필이면 비야' 또는 반대로 '고마운 비'라고 생각하는 것처럼 자연현상과 마주할 때도 마찬가지입니다.

사람이나 물건, 현상과의 만남에서 대상을 어떻게 받아들이는가. 받아들이는 기분이 자신의 행동을 통하여 전해집니다. 즉, 받아들이기를 잘할수록 행동이 더 아름다워지고 만남을 소중하게 만들 수 있습니다.

이제부터 자신이 받아들였던 방식을 의심해보지 않겠습니까?

16
사고방식의 **필터**를 바꾸어라

어떤 사람이 "난 구제불능이야"라는 말을 했습니다. 또 같은 사람이 "나는 훌륭한 인물이야"라고 했습니다.

둘 다 정답입니다. 왜냐하면 구제불능인 사람 필터로 보면 누구든 구제불능인 면이 보입니다. 훌륭한 사람 필터로 보면 어떤 사람이든 훌륭한 면이 보입니다. 또한 "구제불능"이라고 계속 말하다 보면, 조금이라도 실패해도 "거봐, 그러니까 안 되는 거야"라고 믿게 됩니다. 하지만 약간 실패하더라도 "난 훌륭한 사람이야"를 계속 말하고 있으면 "거봐, 그러니까 훌륭해"라고 믿게 돼 새로운 개성이 됩니다.

어떠한 일이든 보는 눈과 사고방식은 다양해서 어떤 의미에서는 백지 상태라 할 수 있습니다. 그러므로 자신이 좋아하는 상표를 붙이면 됩니다.

이 생각은 일상에서도 쓰입니다.

예를 들면 "매일 바쁘다"고 말하는 사람이 있고 "매일 한가하다"고 말하는 사람도 있습니다. 실제로는 하루에 어느 정도 일하고 있는지 모르겠습니다. 바쁘다(忙)는 글자에는 '마음이 없어진다'는 속뜻이 있지만, 업무량이 많을수록 바쁘다고 할 수 있을까요?

저는 회사원으로 근무할 때 너무 바쁘다고 생각했습니다. 그러나 지금의 업무량이 회사 다닐 때보다 몇 십 배는 많습니다. 그런데도 회사 다닐 때가 더 '바쁘다'고 '느끼고' 있었습니다. 맞습니다. 그렇게 '느꼈을 뿐'입니다.

그럼 연봉 3백만 엔인 사람과 천만 엔인 사람은 바쁜 정도가 비례할까요? 아닙니다. 비례하지 않습니다.

즉, 물리적인 업무량과 바쁜 정도는 비례하지 않는다는 말입니다. 할일이 아무리 많아도 마음에 여유가 있으면 '바쁘다'고 생각하지 않습니다. 즉 바쁜지 안 바쁜지는 마음먹기에 달렸으니까요.

'바쁘다'는 말 대신에 '충실하고 있다', '한가하다' 대신에 '여유있다'라고 표현해보세요. 가능하면 여유로운 마음으로 하나하나의 일에 집중하고 있다는 표현을 해보세요. 표현하기에 따라서 같은 업무량이라도 마음상태는 크게 달라집니다.

17
가치관의 **차이**를 즐겨라

사람과 만나다 보면 크게 두 가지 일이 일어납니다.

한 가지는 **공통점을 발견하는 것**이고 또 한 가지는 **다른 점을 발견하는 것**입니다.

공통점을 발견하면 기쁘고 즐거운 기분이 됩니다. 다른 점을 발견했을 때는 어떨까요? '생각이 달라', '보는 눈이 달라', '가치관이 달라'······ 라고 생각하나요?

그런 차이점에 직면했을 때 '스트레스를 느낀다, 분노를 느낀다, 멀어진다'라고 생각하는 사람과 '발전의 기회, 성장할 찬스, 자신을 아는 찬스'라고 생각하는 사람은 인생의 어떤 차이가 있을까요?

다른 점을 상대에게서 발견하면 '찬스'라고 생각하는 버릇을 들입시다. **자신과 '같음'이나 '다름'이나 모두 내 편으로 끌어들이면 장점**이 됩니다.

인간은 다릅니다. 그러니까 서로 성장하고 발전하는 것입니다. 물론 다른 게 불편하고 초조할 수도 있겠지요. "왜 그런 말을 해?", "왜 안 해줘?" 하게 됩니다. 하지만 역시 다르다는 것을 "다르길 잘했다", "달라서 체험 잘했다"라고 생각하면 좋겠지요. 예를 들면 대충하고 돌진하는 사람과 얌전하지만 꼼꼼한 성격의 두 사람은 좋은 짝이 됩니다. 그러니까 오늘부터 '달라서 멋지다', '다르기를 잘했다'라고 생각하면 좋겠습니다. 저의 꿈은 이렇습니다. 인류 모두가 좋아하는 일이나 잘하는 일을 하고, 모두가 서로 존중하고 공헌하고 감사하는, 그런 사회에 조금이라도 다가가는 것입니다.

불일치를 즐겨라

제 서예교실에 다니는 50대의 남성 학생과 부부에 대하여 대화를 하다가 아주 도움이 되는 이야기를 들었습니다.

"부부 간의 불일치가 종종 문제가 되지만 원래 부부란 모든 게 불일치한 것이다. 불일치하는 사람끼리 같이 사니까 성장하는 것이다."

정말 **인간관계란 불일치**인 것 같습니다. 모든 것이 일치하는 사람은 없습니다. 걷는 속도도, 외출하는 타이밍도, 먹고 싶은 것도, 시간 감각도 차이가 납니다. 그 차이를 불안해하는 사람이 있는가 하면 즐기는 사람도 있습니다.

제가 생각하는 이상적인 부부관은 둘 사이의 차이점을 살려 새로운 아이디어를 실천하고 서로에게 도움이 되는 것입니다. 사이좋은 부부라도 오래 살다 보면 '차이점'이 부각됩니다.

학생 중에 두 쌍의 부부가 있었습니다. A부부도, B부부도 실은 닮은 것처럼 보였습니다. 남편은 굉장히 느긋하고 적당주의라 뭘 결정하지 못하고 그때그때 상황에 따라서 정하는 타입입니다. 반대로 부인은 굉장히 섬세하고 철저한 사람입니다. 철저하게 계획을 세워 실천하려고 노력합니다.

A부부는 "왜 쟤는 저렇게 세세한 걸까", "왜 저이는 지저분한 것일까"라며 서로의 결점을 들추어냅니다.

B부부는 "쟤가 야무지게 하니까 생활이 되는 거야", "저 사람과 같이 있으면 나한테는 없는 발상이나 아이디어가 있어서 생활에 자극도 되고 재미있어"라며 '차이'를 긍정적으로 받아들입니다.

'차이'는 어떠한 사람에게도 있습니다. 다만 그걸 '왜 해?'나 '이상한데?'라고 부정적으로 보느냐, '다르니까 재미있어'와 '나를 성장하게 한다'처럼 긍정적으로 바꾸느냐에 따라 인생은 완전히 달라집니다.

자신과 다른 가치관을 가진 사람과 함께하는 것이 가장 자신을 성장시킬 수 있다고 믿습니다.

18
없는 것 조르기

○○만 있으면 행복해질 거야

이런 생각은 아무래도 그만하는 것이 좋습니다. 결혼만 한다면, 돈만 있으면, 파트너가 다정하게 잘 대해준다면, 운만 좋으면, 실력만 있으면, 경험만 있으면, 환경만 있으면……. 이렇게 되면 '○○이 없는 자신' = '불행'이라는 도식이 됩니다.

예를 들어 '운이 좋으면'이라 생각한다면 '운이 없다'고 자신을 확정 짓고 그 위에 '불행'한 자신을 고착해버리는 것입니다. '운만 있으면 행복해진다' = '자신은 운이 없고 불행하다'는 것을 잠재의식에서 새겨두고 있다는 뜻입니다.

그러므로 '○○만 있으면' 이런 생각을 버리고, '○○가 있으나 없으나 나는 행복해. ○○가 있으면 더욱 더 행복하겠지' 이 정도의 여유가 중요합니다.

왜냐하면 원하는 것이 손에 넣을 정도의 수준이라면 괜찮습니다.

하지만 자신의 힘으로는 어찌할 수 없는 것이라면 계속 미련을 가지고 있어야 하니까 말입니다. 날씨라든지, 법률이나 규칙이거나, 출세에 관한 것이거나 어찌할 수 없는 일은 포기하는 게 좋습니다. 포기한다는 말은 긍정적으로 해석하면 받아들인다는 뜻입니다. 한편 어떻게든 되는 것이라면 역시 행동해서 어떻게든 해봐야겠지요.

전혀 안 돼 VS 어떻게든 된다

원래 '아무리 해도 안 되는 것'과 '어떻게든 되는 일'은 어떻게 판별하면 될까요?

'지구가 더 천천히 자전하면 좋을걸'이라든지 '다른 부모에게서 태어났더라면 좋았을걸' 이렇게 절대 불가능한 것이라고 판단할 수 있으면 다행이지만 현실은 참으로 애매합니다.

현실에서는 '되느냐 마느냐'를 알 수 없는 회색인 것이 너무 많습니다. 예를 들면 어두운 성격을 굉장히 밝은 성격으로 바꾸는 것을 '자신의 힘으로는 도저히 어떻게 할 수 없는 일이야'라고 받아들일지도 모릅니다. '아냐, 시간이 걸리더라도 노력하면 변할 수도 있어'라고 생각할 수도 있습니다.

결국은 그 사람의 사고방식이나 가치관에 의해 결정됩니다.

'아무리 해도 안 되는 것인지', '어떻게든 되는 것인지'는 타인의 기준이 아니라 **'자신이 진정 마음속으로 하고 싶은가 아닌가?'**라는 자신의 감정에 따라 좌우됩니다.

가진 것을 살펴보라

점을 잘 보는 학생과 마야력을 잘 아는 학생한테 저도 봐 달라고 한 적이 있습니다. 그러자 모두 '손으로 큰 공헌을 할 사람'이라는 말을 해주었습니다. 신의 손이라는 거죠. 솔직히 기분 좋습니다. 그 외에도 수다쟁이, 천진난만, 사람들이 모여드는 상……. 여러 가지 있었지만 모두 맞는 말이었습니다.

사람은 타고 난 성품이 정해져 있는 것 같습니다. 그런데 사람들은 자신도 모르게 '없는 것'을 가지려고 탐을 냅니다. 자신도 모르게 남을 부러워하게 됩니다.

예를 들면 나만의 개성을 추구한다고 할 때 모순이 생깁니다. 개성을 추구하는 사람은 이 세상에 수없이 많으므로 '나만의 개성을 추구'한다는 '무개성'이 되는 셈입니다. 또한 '개성을 추구'하는 집단의 일원이 되고 맙니다.

그러므로 '다른 사람과 다른 것이 곧 개성이 아니라'는 사실을 깨닫는 것이 중요합니다. '원래 누구나가 개성을 지니고 있다'고 생각하는 것에서 시작하는 것입니다.

당신의 개성을 생각나는 대로 열거해보시겠습니까?

저라면, 일본인이고, 구마모토 출신이며, 눈썹이 굵고, 좀 살이 쪘고, 수다쟁이고, 키가 크고, 사십 대이고, 대기업 사원이었고, 서예를 좋아하고, 밝고, 철저하고…… 등등. 이렇게 10개 이상 말하면 완전히 같은 사람은 절대로 없습니다. 세계에서 오직 한 명뿐입니다. 이렇게 누구나가 충분히 개성적인 거죠.

그러니까 '없는 것'을 탐낼 필요가 없습니다. 바깥에서 개성을 찾을 필요가 있을까요? 자신에게 집중해서 어느 부분을 특화해 키워나가는 것이 개성이라고 생각합니다. 타고난 모든 것을 잘 살리면 되지 않을까요? 타고 난 성품을 마음껏 살려봅시다.

당신만이 할 수 있는 일이 분명히 있을 겁니다.

부정적인 이야기, 두 번째

모두들 모여 봐. 오늘도 중요한 일을 전하겠다.

부정적으로 말하기 5개 조다.

1. 긍정적으로 반성합니다.

2. 즐겁게 자신을 나무랍니다.

3. 가볍게 우울해합니다.

4. 재미있게 불만을 터트린다.

……. 알겠나.

반복해서 복창하고 머리에 완전히 못 박는다!

"코, 코치님! 5개 조라면서 4개밖에 없는데요."

…….

"아하! 나머지 한 개는 자신이 생각하라는 거죠! 역시 코치님이야."

제3장

인간관계

"변화하지 못하는 것이 아니고
변하는 것이 두려운 겁니다"

19
다른 사람을 바꿀 수는 없다. **자신을 바꾸어라**

블로그나 트위터를 통해 많은 분들이 고민을 상담해 옵니다. 그중에 가장 많은 고민이 '상대방을 바꾸고 싶어서 괴롭다'는 것입니다.

자신은 바뀔 생각이 전혀 없고 상대방을 바꾸려고 할 때, 관계는 악화되고 맙니다. 자신을 바꾸지 않고 상대를 변화시키려고 하는 것은? 문자 그대로 무리(無理)입니다.

'다른 사람을 변화시키고 싶으면 내가 변해라.'

동서고금을 막론하고 많은 위인들이 말하고 책에서도 언급되는 법칙입니다. 다만 이 말을 하면 '저쪽이 나쁜데 이쪽에서 굽히는 것 같아서 싫다'라는 사람들이 많습니다. 그 기분을 저도 잘 압니다. '무엇 때문에 이쪽이 양보해야 하나'라고 말하면 결말이 나지 않습니다. 그렇지만 많은 사람이 실천하고 법칙이 되었다는 것은 '다른 사람을 변화시키기는 굉장히 어렵다'는 것이기도 합니다.

그러므로 **'다른 사람을 바꾸고 싶다'**는 생각이 들면 **'자신이 변하십**

시오' 그렇게 하는 것이 신속하고 효과적입니다.

이는 법칙 같은 것이어서 예외가 없습니다. '아니, 상대를 변화시켰다'는 반론도 있겠지요. 그건 변화된 것 같지만 본질은 바뀌지 않았습니다. '자신을 바꾼다'는 것은 '다른 사람에게 아무 의견을 말하지 않고 조용히 물러난다'는 말이 아닙니다. 불만이 있으면 물론 전해도 됩니다. 다만 전하는 방법을 연구한다거나 자신의 사고방식을 조금씩 개선해간다면 관계는 변화하기 시작합니다. 자신을 개선할 수 있으면 반드시 상대와의 관계도 개선됩니다. 상대방을 변화시키는 것보다 자신을 변화시키는 것이 즐겁고, 빠르고, 효과적입니다.

자신을 변화시켜 보면

저는 서예교실 학생들과 얘기 나누는 것을 아주 좋아합니다. 어떤 때는 인생 상담이 되어버리기도 합니다.

주부인 학생들에게는 오랫동안 자녀 양육 문제로 고민하고 괴로워하는 이야기를 자주 듣습니다. 그분들이 최근에 상황이 좋아졌다고 기쁜 듯이 알려 왔습니다. 그 어머니들의 공통점은 '자신이 변했다'였습니다.

"타인과 과거는 바꿀 수 없지만 자신과 미래는 바꿀 수 있다"고 제가 교실에서 자주 했던 말을 실천했다고 합니다.

그건 그렇고 우리들은 왜 자신은 상대에게 제지당하는 걸 싫어하면서 상대방을 제지하거나 바꾸고 싶어 하는 걸까요? "왜 말을 안 듣는 거냐고!"하며 소리치는 엄마. "왜 못 알아듣는 거야!"라고 화내는 상사. "내가 고생하는 걸 좀 알아줘!"라고 답답해하는 남편.

반대로 자신이 그런 말을 들었다면 기분이 엄청나게 나빴을 겁니다. 하지만 자신이 말 할 때는 감정에 휩쓸려서 그걸 알지 못합니다. 상대에게 강하게 말하거나 계속 잔소리를 하면 변할 거라 생각하는 겁니다. 사실은 역효과가 납니다. **상대를 제지하고 바꾸려고 하면 할수록 관계는 악화됩니다.**

왜냐하면 상대는 바뀌지 않으려고 심하게 저항하기 때문입니다. 정면에서 저항하는 건 그래도 나은 편이고 내면에서 저항하는 것이 대부분입니다. 세계적인 조사 결과 아이가 부모에게 혼이 날 때, 혼이 난 내용은 거의 기억하지 못한다고 합니다. 다만 '엄마가 화를 내니 슬프다'고 생각할 뿐이라는군요. 엄마는 큰소리로 말하면 전해질 거라고 믿습니다. 그러나 현실은 역효과인거죠.

어떻게 하면 자기 마음을 잘 전하고 그것이 상대방에게까지 잘 전해질까요. '도대체 왜 말을 안 들어 먹는 거야!'라는 생각이 들 때 '**정말 나는 상대의 말을 듣는가?**'라고 생각을 바꿔보는 겁니다. 일단 자신부터 변화하는 요령을 배워야 합니다.

상대를 변화시키려고 하면 할수록 관계가 악화되는 이유는 **상대의 나쁜 부분만 보기 때문**입니다. 이걸 반대 입장에서 생각해보면 알 수 있습니다. 상대가 나의 나쁜 부분만을 집중해서 보는 것을 알게 되면 기분이 나쁘겠죠. 더 비뚤어질 게 뻔합니다.

'상대를 변화시키려고 한다'는 건 곧 '상대를 부정한다'는 의미입니다. 부정하는 부분에만 집중한다고 상대가 변할까요? 오히려 관계가 악화될 뿐입니다.

서예교실의 첨삭 때도 마찬가지입니다. 잘못한 부분만 지적하고 있으면 좀처럼 나아지지 않습니다. 상대의 결점만 찾지 말고 잘하는 부분에 어떻게 집중하느냐, 어디를 키우느냐, 어떻게 하면 좋을까를 그려보는 것입니다.

그러면 저절로 관계는 개선되고 상대가 자신의 잘못을 깨닫게 되는 일도 일어납니다. 먼저 자신이 상대의 이미지를 바꿔 생각하는 겁니다. 지금까지의 나쁜 부분이 아닌 좋은 이미지만 생각하는 겁니다. 그렇게 하면 인간은 서로를 존중하게 됩니다. 서로가 결점을 지적하기만 한다면 서로의 발목을 잡는 일밖에 안 되겠지요.

내가 달라지면 틀림없이 상대도 달라집니다. 인간은 여러 성향을 가진 다면체라서 쉼 없이 변합니다. 게다가 환경의 영향도 많이 받는 살아 있는 생명체입니다. 그러니 이쪽이 어떻게 하느냐에 따라 상대의 반응은 달라집니다. 예를 들면 당신의 생활권 내에 한 집 정도는 인상이 안 좋은 이웃이나 가게의 점원이 있지요. 그분에게 오늘부터 5회 이상 먼저 기분 좋게 "안녕하세요"라고 말을 걸어 보세요. 그러면 불편했던 상대의 태도가 변화하는 것을 알 수 있습니다.

친척도 마찬가지입니다. 관계가 가까울수록 착각이 심해집니다. '이 사람은 이런 사람이니까'라고 단정 짓고 있지는 않습니까. 하지만 수십 년 알던 사람도 나의 생각이나 태도가 달라지면 확실하게 지금까지 볼 수 없었던 측면을 보여줍니다. 시험 삼아 부모나 형제에게 전화해서 지금까지와는 다른 시도를 해보세요. 지금까지 고맙다는 인사를 하지 않았던 사람에게 "언제나 고마워요"라고 하는 겁니다. 처음에는 아마 분명히 기분 나빠 하겠지만요.

하지만 몇 번이고 다른 모습으로 대하면 상대도 달라집니다. 반드시 "우와~" 하게 될 것입니다.

덧붙이자면 가장 효과 있는 방법은 **상대에게 이전보다 더 '관심'을 가지는 것**입니다. 상대의 근황을 묻는 것도 좋고 취미나 좋아하는 화제를 꺼내는 것도 좋습니다. 깊은 관심을 가지고 상대에게 진심으로 공감하는 것만으로도 상대가 자연스레 달라지는 것을 실감하게 됩니다.

20
변화를 두려워 말라

사람이란 '변하고 싶지 않아'라는 바람과 '달라지고 싶어'라는 바람을 동시에 지닌 존재입니다. 사람에게는 항상성(homeostasis)이 있습니다. 현상을 유지하고자 하는 본능이지요. 한편 환경은 끊임없이 변합니다. 항상성에 반하여 환경적응 능력도 갖추고 있는 것이 인간입니다. '변하지 않게 하는 본능'과 '변하려는 본능'은 일견 모순됩니다.

그러나 신기하게도 이런 모순을 조화시키는 것이 생명체의 위대함이 아닐까요. 인간은 발달한 뇌를 가지고 있습니다. 이것저것 생각하고 정리하고 객관화합니다.

다만 '변화하고 싶은데 변화할 수가 없다'는 고민을 가진 사람도 많이 있습니다.

잠재의식은 항상성을 가지고 있습니다. 어떻게 해서라도 현상유지를 하고 싶어 하지요. 예를 들면 열심히 운동해서 다이어트하려고 하면 잠재의식은 '그렇게 운동을 하면 야위고 말거야. 그러면 큰일 나니까 운동은 그만두자'라고 무의식적으로 지시합니다. 그래서 다이어트가 오래 지속되지 못하는 일이 속출합니다.

다이어트뿐만 아닙니다. '달라지자'라고 당신이 의식하면 '안 달라져도 돼', '지금 이대로가 좋아'라고 잠재의식이 발동됩니다. 그리고 속삭입니다. '지금 이대로가 좋잖아. 달라지면 앞으로 어떻게 될지 모르잖아?'

사람은 변화하지 못하는 것이 아니고 변하는 것이 두려운 거라고 생각합니다. 마음 깊은 곳에서는 변하고 싶다고 외치는데 막상 두려워집니다. 하지만 자신을 너무 나무라지 마십시오. 잠재의식이 정상적으로 작동하고 있다는 증거니까. 그렇다면 사람은 평생 변하지 못하는 걸까요? 그럴 리가요.

'변하고 싶다'고 생각하면 자신이 무엇을 두려워하는지 알게 됩니다. 즉 무엇에 매달려 있는지, 왜 버릴 수 없는지를 확인하게 됩니다. 그래서 '아, 그랬구나. 나는 이걸 버릴 수만 있다면 달라지겠구나'라는 생각이 들 때가 많습니다.

용기를 가지고 변하고 싶지 않은 마음을 놓아버리면 '이렇게 쉬운 것을 왜 그토록 집착했나'라는 생각이 듭니다.

변화를 즐기면서도 한발 내딛는 것이 두렵지요. 인간은 어둠이 두려운 것과 마찬가지로 자신이 모르는 세계나 이해할 수 없는 세계를 본능적으로 두려워합니다.

하지만 자신이 새로운 세계에 발을 내딛는 일이 두렵다고 느끼면 '변하고 싶은 마음을 놓지 않아서 그래'라고 솔직히 인정합시다. 그렇게 생각하면 오히려 변화에 한발 내딛는 게 수월해집니다.

21
미움 받아도 좋아

'사랑 받고 싶어', '미움 받기 싫어'라고 생각합니다. 누구나 그렇습니다.

'사랑 받기 싫어. 미움 받고 싶어'라는 사람은 아무도 없습니다.

하지만 '모두에게 사랑 받고 싶어', '누구에게도 미움 받고 싶지 않다'고 생각하는 건 위험합니다. 거기까지 생각하면 자신의 개성을 죽이는 것이니까요. 자신의 중심을 잃고 흔들립니다. 왜냐하면 내가 어떤 행동을 하건 싫어하는 사람은 반드시 있기 마련이니까요. 인기절정의 아이돌 가수도 만인이 다 좋아하는 건 아닙니다. 반드시 안티가 존재하는 것과 같습니다.

또한 예를 들면 '봄'이나 '태양' 하면 모두에게 행복을 가져다주는 이미지가 있습니다. 다만 꽃가루 알레르기가 있는 사람에게 '봄'은 우울한 계절입니다, 선탠하고 싶지 않은 사람에게는 태양은 지겨운 존재입니다. 무더운 여름에는 '이제 태양 같은 거 너무 빛나서 싫어'라고 말합니다. 태양은 아무것도 생각 않고 반짝이고 있는데도 인간이 마음대로 좋아하고 싫어합니다. 즉 아무리 열심히 해도 '모두에게 사랑받고 그 누구에게도 미움 받지 않는다'는 것은 절대로 무리입니다.

'모두가 좋아해주지 않아도 괜찮아. 싫어하는 사람도 좀 있어도 괜찮아.'

그 정도가 딱 좋습니다. 그렇게 하면 자신의 중심이 보입니다. 그리고 자신다운 걸 찾게 됩니다.

자꾸만 싫어지는데…… 라는 느낌이 들 때는 어떻게 하면 될까요?

저는 마음상태가 안 좋을 때는 반성하지 않습니다. 그 대신 좋을 때는 깊이 반성하도록 노력합니다. 마음이 좋지 않을 때는 무슨 생각을 해도 안 좋은 쪽으로 흘러갑니다. 누가 나쁘고, 내가 나쁘고, 저게 안 좋고…… 라는 생각만 맴돌게 됩니다. 마음이 좋을 때야말로 냉정하게 긍정적으로 반성할 수가 있습니다. 무엇이 원인인지 객관적으로 판단하고 다음에는 이렇게 하면 되지 않을까 하고 반성합니다. 쓸데 없이 자신을 책망하거나, 다른 사람 탓으로 돌리며 화를 내거나 원망하는 것을 피할 수 있습니다.

양질의 반성은 성장을 촉진합니다. 그러나 안 좋은 반성은 자신을 폄하하게 만듭니다. 상태가 좋아질 때까지 반성하지 않는 것은 그 때문입니다. 컨디션이 안 좋을 때는 무리하게 반성하거나 긍정으로 나 자신을 몰고 가지 않고 기다립니다. 그렇게 마음먹고부터 마음상태에

균형이 잡히는 느낌이 듭니다.

항상 좋은 마음상태인 사람은 없습니다. 그렇다고 항상 나쁜 사람
도 없습니다.

다른 사람 말에 상처 받았을 때

살아가면서 마음에 상처를 전혀 받지 않는 사람이 있을까요? 없습
니다. 누구나 상처 받으면서 살아갑니다. 상처를 받는 일은 괴롭습니
다. 마음이 아프다 못해 죽고 싶을 때도 있습니다. 정말 싫습니다.

그러나 자신의 마음에 상처를 주는 것은 누굴까요? 사실은 다른 사
람이 아닙니다. 자기 자신이 자신에게 상처를 줍니다. 다른 사람 말에
상처를 받았다면 그 말을 '자신에게 상처가 되게 해석했다'는 뜻입니
다. 비약일까요?

예를 들면 키가 큰 사람에게 '꼬마'라고 아무리 놀려도 상처 받는 일
은 없습니다. 즉 타인의 말은 단순한 언어의 나열이며 생각이라는 파
도에 불과합니다. 그것을 어떻게 받아들일지는 그 사람 몫입니다. 그
러니까 결국 **상처를 받느냐 안 받느냐는 타인의 말에 의해서가 아니
라 자신의 선택에 달려 있는 것**입니다.

상처 받는 일을 두려워한 나머지 하고 싶은 일을 참는다거나 도전
하지도 않으면, 상처 받는 일은 줄어들지도 모릅니다.

그러나 풍요로운 시대에 태어나서 어떠한 것도 하지 않고 발이 묶인 채 살아가야 한다는 건 안타까운 일입니다. 사실 앞으로 나아가거나 도전하다 보면 상처 받는 일이 늘겠지요. 하지만 그렇게 얻은 상처는 값집니다. 자신을 확실하게 성장하게 하고 여러 가지를 깨닫게 하고 감동을 가져다줍니다.

22
싫은 사람과 **마주하는 법**

서예교실 학생 중에는 회사에 근무하는 사람도 꽤 많습니다. 학생 상담을 자주 하다보면 상사에게 괴롭힘을 당한 적이 있는 사람이 상당수 있습니다. 상사라는 이유만으로 부하 직원에게 매도, 중상, 폭언을 퍼붓는 사람들이 있습니다. 왜 그 사람들은 그런 상태에 빠져버린 걸까요? 시야가 좁아서, 감정에 지배당해서, 객관적이지 못해서, 자존심이 강하며, 열등감이 심하고…… 등등 이유는 다양합니다.

그런 상사를 극복한 학생이 있습니다. 대기업에 근무하는 30대 여성 A씨입니다. A씨는 수년에 걸쳐서 상사의 매도와 감정 풀이에 시달려왔습니다. 그녀는 상사를 바꾸는 건 무리라고 판단했습니다. 둘의 관계는 등을 돌릴 정도로 악화됐습니다. 하지만 이대로는 안 되겠다고 그녀는 판단했습니다. 용기를 내서 상사와 정면으로 부딪히기로 마음먹었습니다. 처음에는 병이 날 정도로 싫어서 죽을 지경이었습니다. 하지만 자신이 상사에게 진짜 하고 싶은 말이 무엇인지, 상사의 진의는 무엇인지 필사적으로 생각하며 맞서는 노력을 했습니다.

그리고 1년이 지난 즈음 커다란 변화가 일어났습니다. 맞아요. 상사가 화를 안 내게 된 것입니다. 상사가 서서히 친절하게 바뀌었습니다. 도망가지 않고 정면으로 대한 결과입니다.

사람들 고민의 대부분은 인간관계에 있습니다.

A씨 이야기는 누구나 할 수 있는 일도 아니고 반드시 좋은 결과가 있다고도 할 수 없습니다. 오히려 도망쳐 버리거나 거리를 두는 것이 나은 경우도 있습니다. 하지만 처음부터 무작정 도망쳐서는 안 됩니다.

일단 부딪혀본다. 정면에서 문제와 부딪혀본다.

실천은 어렵지만 도전해 볼 만하지 않습니까? 싫은 사람, 싫은 일이 있으면 일단 문제를 인정하고 정면에서 부딪혀봅시다.

싫은 사람 대처법

여러 학생들과 직장에서 싫은 사람의 공통점을 모아봤습니다.

고집, 억지, 공격적, 부정적, 횡포…… 등.

생각만 해도 맥이 탁 풀리네요. 그런 사람들은 어떻게 대해야 할까요. 학생들에게 '글'로 답하게 했습니다.

■ 상대를 곰이라고 생각한다

  ┗, 울부짖거나 냄새가 나거나 곰이니까 그러려니 하고 흘려버릴
    수 있습니다.

■ 상대를 싫어한다고 인정한다

  ┗, 아, 나는 당신을 '완전히 싫어해'라고 인정하는 것만으로도 편
    해지고 상대와 거리감을 가질 수 있습니다.

■ 대답은 씩씩하게 하고 마음속으로는 흘려버린다

  ┗, 겉으로는 밝게 대하고 마음속으로는 거리를 두는 전략입니다.

■ "감사합니다"를 연발한다

  ┗, 감사의 뜻을 좀 무리다 싶게 전함으로써 상대의 변화를 기다
    리는 것입니다.

일단은 해보는 것이 중요하다

직장에서 일어나는 불합리한 관계를 고민하고 있던 학생 중 한 명
이 실제로 '싫은 사람 대처법'을 실천해봤습니다. 그녀는 같은 직장에
근무하는 선배가 아주 싫었습니다. 선배의 횡포에 상당히 많은 스트
레스를 받고 있었습니다. 그녀는 일주일 정도 '싫은 사람 대처법'을 한
가지씩 실천해갔습니다. 그러자 한 달 후에는 신기하게도 싫은 감정
이 없어지고 지금은 오히려 사이좋게 되었다고 합니다.

여기서 포인트는 '싫은 사람 대처법'을 다양하게 실행해보았다는 사실입니다.

일단 해본다. 그리고 만약 안 되면 다른 방법으로 해본다. 그렇습니다. 해보는 것이 중요합니다. 하지 않고 이것저것 고민만 하면 아무것도 해결되지 않습니다.

저도 회사에 다닐 때 아주 싫은 선배가 있었습니다. 마찬가지로 억지를 부리는 성향에다가 같은 부서여서 매일 얼굴을 마주했습니다. 그 상태로는 내 정신이 오래 못 버틸 것 같아서 이것저것 실행해보았습니다.

그때 가장 효과가 있었던 방법이 **상대의 말을 잘 경청해 주는 것**이었습니다. 회식자리에서도 이전과 달리 적극적으로 옆에 앉아 그의 과거 무용담을 마지막까지 들어주었습니다. 그러기를 일주일, 세상에나 놀랍게도 그 선배가 저에게 다정하게 대해주기 시작했습니다. 이 전략은 다른 공격적인 선배에게도 응용해보니 효과가 있었습니다.

내가 먼저 태도나 보는 각도, 사고방식을 바꾸면 신기하게도 상대방이 달라집니다.

싫은 사람과의 인연을 없애는 방법

다만 도무지 싫은 사람, 가능하면 얼굴도 보기 싫은 사람이라면 어떻게 할까요. 만나지 않아도 된다면 상대로부터 미련 없이 멀어지세요. 만약 주변에 이렇게 싫은 사람이 있다면, 그대로 두는 건 정신적으로도 건강상으로도 좋지 않습니다.

살다 보면 싫은 사람, 싫은 일과 만나게 됩니다. 하지만 '싫어'라고 강하게 생각하면 할수록 상황은 악화됩니다. 강한 부정은 상황을 악화시킨다는 사실을 알면서도 머리에 맴돌며 떠나지 않습니다.

그럴 때 권하고 싶은 것이 '이미지로 지운다'는 방법입니다.

머릿속에서 그 대상물이 점점 커져 버리는 것이 원인이므로 먼저 다음과 같이 해봅니다.

① 싫은 대상을 이미지로 작게 줄여갑니다.

② 그리고 우주에 날려보냅니다.

③ 좋아하는 일에 초점을 맞춥니다.

사라질 때까지 ①에서 ③을 반복합니다.

"네? 이렇게 단순한 방법으로 싫은 것이 없어진다면 고생 안 하죠."

이런 야유가 들려오는군요. 여러 가지로 노력해 봤는데도 상황이 나아지지 않는다면 속는 셈치고 한번 해볼 가치는 있지 않을까요? 실제로 저도 학생들도 이 간단한 방법으로 효과를 봤습니다. 놀랄 만큼 싫어하는 대상과 인연을 끊게 되었습니다. 꼭 해보시길.

23
한쪽 귀로 흘려버려라

다른 사람에게 부정적인 말을 들으면 어떠세요?

당연히 기분이 좋지 않습니다. 내용에 따라서는 상처 받기도 하고, 우울해지기도 하고, 자신감을 잃기도 합니다. 경우에 따라서는 엄청난 타격을 받을 수도 있습니다.

정면 대응했지만 상대방은 꿈쩍도 안합니다. 안하무인인 사람의 언동에 번번이 스트레스를 받고 있자니 내 인생이 아깝고 답답합니다.

그래서 권하고 싶은 방법이 **'한쪽 귀로 흘려버려라'**입니다.

〈오른쪽에서 왼쪽으로 흘려버린다〉라는 노래가 유행했는데요, 맞는 말입니다.

다른 사람에게 받은 기분 나쁜 말과 더불어 나 자신에게 끓어오르는 부정적인 생각도 흘려버립시다. 물론 감정이므로 실제로 뭔가 존재하는 것은 아닙니다. 부정적인 감정을 흘려버리는 상상을 해보는 게 좋습니다. 이런 **'상상을 눈앞에 그려보는 것만으로도'** 정말 부정적

인 기분이 흘러가 버립니다.

스트레스를 받거나 부정적인 감정이 생겼을 때 상상해 보세요. 나쁜 감정을 몸 밖으로 내보거나, 한쪽으로 흘려보내거나, 물에 흘려보내거나, 머리 위 하늘로 날려 보내거나, 입으로 털어놓는 모습을 상상하는 것입니다. 이 방법만으로도 나쁜 감정 덩어리들은 정말 흘러나가 버립니다.

맞습니다. 당신이 생각하는 이상으로 상상은 큰 힘을 발휘합니다.

상대의 의견이나 행동에 맞추기

이 이야기를 들은 학생들이 이런 질문을 했습니다.

"하지만 상대가 제게 화가 나서 얘기하고 있는데 이쪽 마음이 들떠 보인다고 더욱 더 막 대하면 어쩌죠?"

그럴 때 '동조권'을 발동합시다.

동조권이 뭐냐고요? 거짓말이나 시늉이라도 좋으니까 동조해서 상대의 의견이나 행동에 맞추는 것입니다. 고개를 끄덕이거나 "맞아 맞아" 하고 맞장구를 쳐주는 것이지요. 동조는 공감과는 약간 다릅니다.

타인의 의견에 모두 공감하는 건 무리입니다. 그렇다고 대놓고 부정하면 풍파가 일고 꿍 하고 참다 보면 스트레스가 점점 쌓입니다.

그래서 동조권을 사용하는 것입니다. 단순히 상대방에 맞추어서 추

임새를 넣는 것입니다. 맞아요. 노래방에서 다른 사람이 노래할 때처럼 하는 거죠. 노래에 감동받지 않아도 가사를 보거나 손뼉을 치면서 동조하는 건 가능합니다. '공감'까지는 아니더라도 '동조'는 할 수 있습니다.

동조하고 있으면 마음속에 불만이 있더라도 어수선한 마음이 일단 안정됩니다. 평온하니 불만을 쉽게 흘려보내게 됩니다. 동조권의 좋은 점이지요.

상대가 자신과 다른 의견을 가지고 있거나 예상 외의 행동을 하면 스트레스가 쌓이고 괴롭습니다. 동조권을 활용해서 쉽게 흘려버리면 인간관계는 편해집니다.

한편 '내가 잘못한 게 아닌데 억지로 흘려보내고 싶지 않아, 동조 같은 거 난 못 해.'라는 생각이 들 때도 있습니다. 억울한 그 기분을 저도 압니다. 하지만 속는 셈치고 '동조권'을 사용해보세요. 대책은 그 다음입니다. 팽팽해진 불만을 갑자기 토로하지 않는 것도 현명한 자기관리입니다.

부정적인 일을 접하면 하늘에 날려보내고, 물에 흘려보내고, 한쪽 귀로 듣고 한쪽 귀로 흘려버립시다. 그리고 흘려보낸 빈자리에 좋아하는 걸 착착 채워봅시다. 그렇습니다. 이산화탄소를 내보내고 그 자리에 산소를 들이마시듯이 하는 겁니다.

혹시라도 저의 제안을 한쪽 귀로 흘려버리는 건 좀 곤란하지요.

24
안 된다고 **거절**하라

'거절하는 힘'이 생기면 인간관계가 굉장히 편해집니다.

내 인생의 스트레스 중 절반은 인간관계에서 비롯되니까요.

사람은 각자 타이밍이나 생각이 있습니다. 하지만 그것이 부부 사이나 부모 자식 사이에 모두 전해지지 않는 경우가 많습니다. 그러니까 그때 기분 좋게 거절할 수 있으면 삶이 편안해집니다. 이쪽도 저쪽도 스트레스 받는 일 없이 상대에게 거절 의사가 확실하게 전해진다면 얼마나 좋을까요.

일상생활이나 직장에서 이런저런 부탁을 받는 경우가 있습니다. 물론 기분 좋은 부탁만 있는 것이 아닙니다. 아무래도 하기 싫은 내용이나, 해서는 안 될 내용인 경우도 많습니다. 그럴 때 저는 좀처럼 거절의 말을 못합니다.

그럼 왜 안 된다고 말하지 못할까요. 듣기 좋은 말로 "상대가 상처받으니까"입니다. 그러나 내 본심은 '**거절하면 상대가 나를 싫어하지**

않을까'라는 염려 때문입니다. 일 관계에서 거절하면 '다음에 일거리를 안 주는 게 아닐까', '상사에게 무능하다는 소리를 듣는 것이 두려워', '여기서 안 된다고 하면 피한다고 생각할 거야', '모양새가 안 좋아' 등이겠지요.

아름답게 멋있게 거절하기 위해서

내가 하고 싶지 않은 일에 "좋아요"라고 말하면 대개 손해를 봅니다. 그렇지만 마음 한구석으로는 '받아줬다'라고 생색을 냅니다. 그러니 상대에게 대가를 요구하게 됩니다.

또 싫은데도 어쩔 수 없이 받아들인 경우에는 수동적이라 동기부여가 되지 않습니다. 그러니까 마음속으로 하고 싶지 않으면 거절하는 것이 좋습니다. 하지만 현실에서는 좀처럼 거절하기 어려운 상황이 많습니다. 그렇다면 어떻게 거절하면 좋을까요.

'아름다운 거절', '멋있는 거절'을 하려면 먼저 자신의 마음부터 정리해야 합니다.

자신이 어떤 상태인지, 시간적 여유나 금전적 여유 등이 있는지, 자신이 어떤 때에 기쁨을 느끼는지, 어떤 때에 기상이 높아지는지를 아는 것이 중요합니다. 반대로 어떤 때에 싫은 마음이 드는지를 생각해봅니다.

가장 중요한 점은 자신이 무엇을 추구하는지 확인하는 것입니다. 목적이 확실할 때 좋고 싫음의 판단이 쉽게 됩니다.

또 안 된다고 했을 때와 좋다고 했을 때의 시뮬레이션(가상실험)도 필요하겠지요. 서예와 마찬가지로 누구나 단련하면 갖출 수 있는 능력이라 생각합니다. 실패를 거듭하다 보면 자연스레 'NO'라고 말할 수 있게 됩니다.

제가 체험해 본 결과, **'당당하고 상쾌하게 안 돼'**라고 하면 의외로 상대에게 상처 주지 않습니다. 상대가 순순히 받아들입니다.

무엇보다 타이밍이 중요합니다. 갑자기 거절하지 말고 시간을 넉넉히 둔 다음 말하는 것이 효과적입니다. 부탁을 받으면 일단 시간을 두고 냉정하게 자기 분석을 해보는 것이 중요합니다.

저도 연습 전에는 안 된다고 답하는 게 영 어색했는데 이제는 거절하는 것을 즐기게 되었습니다. 안 된다고 말하는 실력이 늘어난 겁니다. 덕분에 내 마음에 여유가 생기고 편해지는 것을 실감합니다.

25
야단치는 요령

상대가 명백히 잘못했지만 심한 말을 할 수 없고 주의를 줄 수도 없고, 솔직한 의견을 말할 수 없다.

그것이 상대를 위한 것일까요? 아닙니다. '좋은 사람'이나 '선한 사람'인 척하면서 실은 하기 싫은 일에서 도망가는 것뿐입니다. 그건 진정한 친절이 아닙니다. 진심으로 상대를 생각한다면 때로는 정확하게 말할 줄도 알아야 합니다.

왜 말하지 못하는지 생각해볼까요? '자신이 미움 받는 게 싫어서', '상대에게 상처 준다고 하지만 사실은 자신이 상처 받는 것이 싫어서' 그런 것이 아닐까요?

그렇다고 해서 감정대로 의견을 말하거나 조그만 실수까지 일일이 주의를 주면 소통이 안 되겠지요.

중요한 대목에서 아이를 꾸짖지 못하는 부모, 부하를 꾸짖지 못하는 상사, 친구에게 진심을 말하지 못하는 젊은이 등 자신에게 마이너스가 되는 일을 상대에게 전하는 것만큼 어려운 일은 없습니다. 반대로 이것을 기술적으로 처리하면 살아가는 것이 편해집니다. 과연 그런 신통한 기술이 있을까요?

예를 들면 저는 서예교실에서 아이들을 야단치곤 합니다. 소란을 피우거나 규칙을 지키지 않는 아이들에게 명확하게 주의를 주어야 할 때가 있습니다. 저는 어디까지 용서하고 어디부터 주의를 줄 것인지 그 경계선을 두고 고민해 왔습니다. 그래서 다양한 책과 어머니의 조언을 통해 두 가지 요령을 배웠습니다.

한 가지는 **'확실하게 폐를 끼치는 부분만을 제대로 야단칠 것'**입니다.

저는 주의를 줄 때, 분명하게 나빴던 행동만을 짧게 야단칩니다. 나도 모르게 주의를 줄 때 "너는 항상……"이라든가 "그러니까 그 성격 좀 고쳐라"처럼 인격이나 과거의 일까지 야단치지 않으려고 합니다. 그 한마디 한마디가 무자비하게 상대에게 상처를 주기 때문입니다. 그러니까 그때 잘못한 행동만을 쾅– 하고 상쾌하게 야단치는 것입니다.

그리고 또 한 가지는 **"그렇게 하면 내가 곤란해"**라는 전달 방법입니다. 상대의 잘못을 나무라거나 변화를 기대하는 것이 아니라 그 행동으로 인해 '내가 어떻게 느끼는지'를 전하는 방식입니다. 그렇게 하면 상대는 '그냥 좋아서 마음대로 한 행동'이 '다른 사람에게 피해를 주는 행위'라고 느끼게 됩니다. 이것은 기대 이상으로 효과가 있었습니다. 안 좋은 이야기를 상대방에게 전하는 일은 굉장히 어렵습니다. 하지만 이렇게 요령을 배워서 실천해가면 반드시 잘하게 됩니다.

26
질투를 플러스로 바꾸어라

'부럽다'의 연장, '뻔뻔하다'의 발전 등. 흔히 질투라고 한마디로 말하지만 실상은 여러 가지입니다. 예를 들면 같은 시대에 활약하고 있는 사람이나 자신과 같은 분야에서 일하는 사람이 칭찬을 한 몸에 받는 것을 보면 질투하기 쉽습니다. '난 이렇게 노력하고 있는데 왜 잘 안 되지'라든지 '왜 쟤는 인정받고 나는 인정받지 못할까'라는 분한 마음과 초조함이 질투심을 일으킵니다. 그건 본능에 가까운 자연스러운 심리입니다.

그 중에서도 골치 아픈 것이 **공포심**입니다. 빼앗기는 공포, 버려지는 공포 말입니다.

예를 들면 타인의 성공에 질투를 느끼는 이유는 뭘까요? 아마도 타인이 성공함으로써 자신이 버려지는 것이 아닐까, 자신의 평가가 낮아지는 건 아닐까 하는 생각 때문입니다. 잘 생각해보면 타인의 성공이 나에게 마이너스가 되는 일은 없습니다. 그런데도 질투하는 것이 본능입니다. 그러니까 먼저 '타인의 성공은 곧 내게 마이너스가 되는 것이 아니다'라는 사실을 알아야 합니다. 그것만으로도 질투가 줄어들겠지요.

상대방의 행복과 성공을 기원하라

하지만 끓어오르는 질투를 방치하면 팽창합니다. 그렇다고 "아니야, 난 질투 같은 거 안 해"라고 강한 척하거나 "질투는 하면 안 된다"고 억눌러버리면 질투가 사라지기는커녕 더욱 펄펄 끓어오릅니다. 그럼 어떻게 하면 좋을까요.

먼저 **질투심이 자신에게 있다는 사실을 인정**합시다. 그리고 "아휴 분해"라고 말해봅니다.

한번 솔직하게 털어놔 버리면 마음이 조금 차분해 집니다. 그리고는 "응? 나는 뭣 때문에 질투했지?" 하고 자신에게 물어보세요. 그리고 "아, 그렇구나. 난 OO니까 분하고 초조했던 거야"라고 분석해서 납득할 만한 답을 이끌어냅니다. 자신의 부정적인 감정을 인정하고, 용서합니다. 그리고 나서 '그렇다면 나는 내 나름의 방식으로 하겠어'라며 자신의 갈 길을 정하는 것입니다.

다음은 질투하고 있는 **상대방의 행복과 성공을 바라는 것**입니다. 처음에는 어색합니다. 그래도 자꾸 하다 보면 마음이 안정되고 높은 경지에 이르게 됩니다. 그러면 남과 비교하지 않아도 행복한 자신, 진정한 성공체질이 됩니다.

타인의 성공과 행복을 보고 어떻게 느끼는가를 알게 되면 지금 내 마음의 건전한 정도를 알 수 있습니다. 만약 건강한 마음 상태라면 타인의 성공과 행복을 편히 축복할 수 있습니다. 나아가 거기에서 뭔가를 배우려고 합니다. 반대로 마음상태가 안 좋으면 질투가 이글이글 타오릅니다. 마침내 초조해지거나 끈적이는 시기심이 분출합니다.

질투가 나면 플러스로 변환하라

내 일이 잘 안 풀려서 힘들 때, 상태가 안 좋을 때, 틀어박혀 지낼 때, 잘 나가는 사람을 볼 때 질투하는 것은 당연합니다. 다만 인간에게는 지혜가 있습니다. 만약 질투심을 느꼈다면 바로 플러스로 변환하십시오.

예를 들면 **"어떻게 해서 저 사람은 잘 풀리는 걸까"**라는 생각이 들면 좋은 변환의 첫발입니다. 질투는 일종의 커다란 에너지가 되기도 합니다. "나도 열심히 해보자"라는 기분으로 변환할 수 있다면 커다란 전진 에너지가 됩니다.

즉 질투 자체는 자연스러운 에너지입니다. 그것을 시기심과 같은 나쁜 에너지로 바꾸는 것도, 분발하려는 의욕이 생기는 플러스 에너지로 바꾸는 것도 자신이 하기 나름입니다.

한편 "그렇게 질투심을 간단하게 조절할 수 있을까?" 하는 꾸지람도 있을 것 같습니다. 하지만 이건 누구나 연습하면 확실히 잘할 수 있습니다. 제 주위에는 그런 분이 계속 나오고 있습니다.

오랜만에 친구 집에서 제 가족 모두가 식사했을 때의 일입니다. 친구 어머니가 우리 딸을 안아주었습니다. 그러자 그 어머니가 키우는 개가 심하게 짖어댔습니다. 질투임을 금방 알 수 있는 울음이었습니다. 개도 질투를 하더군요. DNA에 본능적으로 질투가 새겨져 있는 거죠.

이 질투 본능을 부정하지 맙시다. 잘 활용해서 플러스로 바꾸면 인생을 빛내는 최강의 도구가 됩니다.

27

타인과의 **비교방법**이 중요하다

"타인과 자신을 비교하지 않는다."

이런 말은 듣기에는 좋지만 사람인 이상 비교하지 않는 건 무리입니다.

예를 들면 사람은 초등학교에 입학할 때부터 키, 성적, 달리기 속도 등을 다른 이들과 항상 비교하게 됩니다. 비교한다는 행위는 사람이 가진 아주 자연스러운 본능입니다. 비교함으로써 사회 속에서 자신을 객관적으로 알 수 있기 때문입니다.

타인과 비교하지 않는다는 것은 본능적으로 어렵습니다. 비교하지 않으면 알 수 없는 것이 많습니다. 그럼 왜 타인과 비교하지 않는다는 말이 매력적으로 들릴까요. 사람은 항상 타인과 비교해서 울고 웃고 하는 존재이니까요. 그래서 '타인과 비교만 하지 말고 먼저 자신이 하고 있는 일에 전념하세요'라는 말에 솔깃해지는 것입니다.

작심하고 주문을 외워볼까요. 타인과 비교하지 않고 오직 자신과 마주하자…… 타인과 비교해서 기죽어 있거나 질투하지 않아도 된다……. 장담하건대 아마 그렇게는 안 될 것입니다.

신장, 체형, 수입, 성적, 신체능력 등을 비교하지 않는 것은 무리입니다. 본능적으로 타인을 수시로 판단하고 자신과 비교하는 능력을 타고난 것이 인간입니다. 그러니까 비교하지 않고 사는 건 비현실적입니다. 오히려 이 타고난 비교 능력을 활용하는 방법을 연구하는 것이 유리합니다.

어떻게 사용하면 좋을까요? 타인과의 '비교방법'이 중요합니다. 이해득실을 잘 판단해서 상대방의 긍정적인 면을 활용합니다. 격차가 있으니까 의욕이 오르는 것이고, 편견이 있으니 새로운 것이 생산됩니다. 세균도 선한 균이냐 나쁜 균이냐는 그 양에 따라 결정됩니다. 적절한 양만큼 비교해보세요. 잘만 사용하면 비교하는 것은 대환영입니다.

자기분석을 해서 비교한다

타인과 비교해서 무엇이 자신에게 부족한가. 어떻게 하면 발전할 수 있는가. 타인에게 평가를 받아 어느 부분을 개선할 수 있을까.

쓸데없이 비관하거나 질투하지 않고 비교나 평가를 자신의 성장으로 어떻게 더할 수 있을까를 생각한다면 먼저 우월감과 열등감을 버리는 것이 중요합니다.

이전에 모 잡지사 대담 때 미스유니버스 일본대표로 선발되어 현재 탑모델로 활약하고 있는 미야사카 에미리 씨가 이런 말을 했습니다. 각국에서 정상의 지위에 오른 여성은 모두들 아주 자기분석을 잘한다고요. 미야사카 씨에게 어떤 훈련을 하는지 물어보니, 역시 자기분석이라고 합니다. 걷는 법 등 기술적인 문제는 당연하고 신체적 결점이 있는 부분, 뛰어난 부분, 더 잘할 수 있는 부분, 더 좋아지지 않는 부분, 캐릭터의 어떤 부분이 부족하고 더 잘 살릴 수 있는지 철저하게 분석한다고 합니다.

우리와 같은 보통 사람은 어디가 모자라는지 철저하게 생각하는 일은 거의 없죠. 정상에 오르는 비결은 혹독하게 '타인과 비교하는' 거네요. 힘든 작업일지 모르죠. 하지만 그걸 함으로써 정신적으로도 강해지는 것입니다.

예를 들어 자기분석을 한 결과 '나는 통통해'라고 판명되었고, 그걸 100% 받아들인 사람은 '넌 통통해'라고 공격당해도 "네, 그래요"라고 순순히 응할 수 있습니다. 만약 엄마가 배꼽이 나왔다는 걸 받아들이면 "너희 엄마 배꼽 나왔지!"라는 말을 들어도 "응"하고 쉽게 답할 수 있습니다.

상처 받지 않는 마음을 만들고 싶은가요? 철저하게 자신의 부족한 부분을 알고, 인정하고, 받아들이십시오. 그리고 장점도 살리는 것입니다.

28
솔직해져라

"자신은 절대 안 틀렸다"

"상대방의 잘못이나 실수를 적확하게 지적할 수 있다"

이렇게 말하는 사람들이 있습니다. 언뜻 보기에 상당히 강해 보입니다. 그러나 사실 이런 사람이 약합니다. 왜냐하면 다음과 같은 심층 심리가 있기 때문입니다.

- 자신의 잘못을 받아들일 수가 없다.
- 실수를 하는 것이 두렵다.
- 상대에게 비난받는 것이 두렵다.

정말 강한 사람은 '솔직한 사람'입니다. 솔직한 사람은 타인의 지적을 "아, 그런가요." 하고 받아들이며 잘못을 개선할 수 있습니다. 마치 수양버들 같은 부드러움, 솔직함과 겸허함을 바탕으로 공유하니다. 반대인 사람은 완고하고 오만합니다. 완고하고 오만한 사람은 상대가 아주 무르다면 만약 자신이 그렇게 되기 쉽다고 해도 냉정하게 대처합니다. 반면 솔직함의 힘을 알고 있는 사람은 탄력이 있으며 부드럽습니다. 즉 강한 것입니다.

마쓰시타 고노스케 씨는 솔직함이 성공의 초석이라고 말합니다. 분명히 성공한 사람은 솔직하다고 느끼는 분이 많습니다.

"글쎄요? 난 솔직한 것만으로 잘되는 게 아닌데⋯⋯"라고 말하는 사람이 있을지 모릅니다. 사실은 솔직하기란 어려운 일입니다. '솔직한 힘'은 단련하지 않으면 늘지 않습니다. 왜냐하면 아는 척이나 쓸데 없는 자존심 같이 누구나 가지고 있는 단점이 방해하기 때문입니다.

솔직해진다는 것은 단순히 다른 사람에게 따른다는 의미가 아닙니다. 바꾸어 말하면 솔직한 힘은 곧 '흡수력'입니다. 다른 사람의 말이나 행동을 얼마나 흡수하는가가 중요합니다. 예를 들면 다른 사람에게 받은 의견을 먼저 스펀지처럼 온몸에 받아들여서 적신 다음 자기나름대로 정리해서 타인에게 제안합니다.

책을 읽을 때에 '이건 아닌데. 나라면 이렇게 하겠어' 하고 능동적인 독서를 하는 건 훌륭한 일입니다. 하지만 중요한 한 가지가 빠져있습니다. 먼저 받아들이는 것입니다. 혹시 상대의견이 자신의 가치관과 다르다고 해도 받아들이는 것이 먼저입니다. 그것만으로 흡수력은 올라가고 솔직함도 늘어나서 쑥쑥 성장하게 됩니다.

연예인은 솔직하다

지금까지 100명 이상의 연예인 그리고 스포츠 선수와의 대담을 진행했습니다.

탤런트이건 스포츠 선수이건 아주 솔직합니다. 솔직함이란 살아가는데 있어서 상상할 수 없는 위력을 발휘합니다.

솔직하면, '흡수할 수 있음 → 동기부여가 됨 → 여유가 생김 → 솔직해짐' 이와 같이 선순환이 계속됩니다.

반대로 솔직하지 못한 사람은 '솔직하지 못함 → 흡수력이 약함 → 성장 안됨 → 동기부여가 안됨 → 여유가 안 생김 → 솔직해지지 못함'과 같이 악순환에 빠집니다.

바람과 달리 솔직한 사람은 드뭅니다. 그만큼 솔직해지기란 의외로 어려운 것입니다. 상대보다 우위에 서고 싶다는 자존심이 방해를 하거나, 바보취급 당하고 싶지 않다는 두려움이 일어납니다. 그리고 '이미 알고 있어', '나도 알아'라는 자만심도 거듭니다. 마이너스의 감정이 전혀 없는 사람은 없습니다.

진정 솔직해지기 원합니까? 그렇다면 겸허함과 성실함, 마음가짐, 호기심 같은 것이 필요합니다.

그 중에서도 **"성장하고 싶다"**는 강한 마음가짐이 진정한 의미의 솔직함으로 가장 먼저 연결된다고 생각합니다.

또 오랫동안 활약한 스타들에게서는 '돋보이고 싶은', '경쟁심이 강한' 느낌이 들지 않았습니다. 참 신기했습니다. 거꾸로 자기과시욕이나 명예욕이 적은 느낌이 들었습니다. 이건 대단히 의외였습니다. 톱 연예인이니까 더 강할 거라고 생각하기 쉽지만 아마도 그런 자아가 보이지 않을 만큼 주변을 향한 따뜻한 마음이 강해서일지도 모릅니다. 그리고 롱런하는 스타들은 대부분 인격자입니다. 활약하니까 인격자가 되는 걸까요, 인격자니까 활약을 계속하는 걸까요? 저는 후자 쪽이라 생각합니다.

연예인은 인기가 중요합니다. 즉 인덕이 열쇠라고 할 수 있습니다. 연예계뿐만 아니라 모든 분야에서 활약을 계속하고 여유가 있는 분은 공통적으로 인덕이 있습니다.

그러니까 경쟁심보다 다양한 분야에 흥미를 가진 솔직한 사람은 오래 활약할 가능성이 높다고 할 수 있습니다.

29
억지로 듣지 말고 **경청**하라

저의 작업실에는 수년 동안 '경청'이라는 글이 걸려 있습니다.

우리는 왜 이렇게 남의 말을 듣는 일을 못할까요. 사실 잘 듣는 달인일수록 자신이 얼마나 듣기를 못하는지 잘 알고 있습니다.

원래 사람은 자신의 가치관을 가지고 살아갑니다. 다른 사람들이 하는 말을 매순간 자신만의 해석으로 받아들입니다. '아~ 이건 그 일을 말하는 거지', '그건 이런 말이야'라고 합니다. 상대와 자신의 해석이 다르다는 사실도 모릅니다. 자신만의 가치관으로 다른 사람의 말을 듣기 때문입니다. 이건 어떤 의미에서는 반사적이라 멈추게 하기도 어렵습니다. 웬만큼 수행을 쌓아온 분이 아니면 있는 그대로 받아들이는 것은 무리입니다.

그래서 '침묵'하는 것, 그냥 묵묵히 받아들이는 것을 권하고 싶습니다.

예를 들면 친척이 "이런 일이 있었는데"라고 말할 때 수초간 침묵

하며 고개를 끄덕이는 것입니다. 그 후에 천천히 "그런 일이 있었군요."라며 상대가 한 말을 고스란히 반복합니다. 그저 반복할 뿐인데도 상대는 아주 기분 좋게 이야기를 할 수 있습니다. 한번 가족이나 친구에게 시험해보세요. 절대로 '아, 그거 알아', '그거지, 알아', '그거 말하는 거지', '그건 아니라고 생각해'라고 말하지 마세요. 저도 아직 부족해 부지불식간에 그렇게 말해버리기도 합니다.

물론 다른 사람의 험담이나 부정적인 이야기인 경우 일방적으로 듣고 있기 힘들 때도 있습니다. 그때는 적당한 시기에 화제를 바꾸거나 장소를 옮기거나 끝내는 것이 좋겠지요. 경청도 TPO(때Time와 장소 Place와 경우Occasion)에 맞춰야 할 필요가 있습니다.

잠재의식에서 하는 말을 잘 들어라

'듣는다는 것'은 상상 이상으로 어렵습니다.

눈이나 입, 얼굴, 몸 전체의 움직임에 더해서 호흡, 단어선택 등 일종의 종합예술이라 할 수 있습니다. 여러 가지를 생각해서 나온 결론은 아주 간단합니다.

제가 내린 잘 듣기의 진수는 **'상대방에 대한 강렬한 호기심'**입니다. 아무리 듣는 기술이 전부라 해도 상대에 대한 호기심이 없으면 그 기술은 약해집니다.

그냥 듣는 것[聞]이 아니라 경청(傾聽)하는 것입니다. 청(聽)에는 마음[心]이라는 글자가 들어 있죠. 상대방에 대해 강렬한 호기심을 가진다는 것은 무의식에서 호흡이나 몸짓도 상대방의 마음이 열리도록 집중한다는 뜻입니다. 맞아요. '무의식'이란 게 중요합니다. 강렬한 호기심은 자신의 내부에 잠자고 있는 힘을 끌어냅니다. 억지로 들으려고 하지 않아도 되거든요. 호기심에 이끌려 자신도 모르게 최고의 듣기 달인이 되어 버립니다.

30

마음을 여는 **인사**의 힘

인사는 마음을 연다고 말합니다. 정말 인사의 힘은 대단하다고 생각합니다.

상쾌한 인사는 가장 손쉬운 사회공헌입니다. 예상했던 것 이상으로 공헌도가 높습니다. 서예와 마찬가지로 인사도 연습하면 할수록 잘하게 됩니다.

어떤 스킬이 있을까요? 어렵게 생각할 수 있지만 해답은 간단합니다.

하여튼 '**짧게**', '**기분 좋게**'가 포인트입니다.

"안녕히 주무셨어요?", "안녕하세요?" 굳이 커다란 목소리일 필요는 없습니다. 작은 목소리도 좋으니 입꼬리를 살짝 올리고 무조건 말로 해보세요. 크고 힘찬 목소리로 하는 인사도 당연히 추천합니다. 하지만 때와 장소를 가려야 합니다. 모두가 깜짝 놀라기도 하거든요.

인사를 하는 것만으로도 당신 운은 점점 좋아집니다. 계속 해본 사람만이 알 수 있습니다. 물론 주위사람들도 점점 행복하게 해줍니다.

일단 일주일도 좋습니다. 오늘부터 시작해봅시다. 먼저 하루 10번 인사하기부터 해볼까요? 마음이 열리는 것을 알 수 있지요? 그리고 주위의 눈도 달라지는 것을 실감합니다. 무엇보다 인사를 하면 내 마음이 밝아집니다. 세상을 향해 열리게 됩니다.

먼저 마음을 열어라

마음을 열라고 하지만 구체적으로 어떻게 하면 되냐고요?

예를 들면 친구와 점심을 먹으며 나누는 대화를 떠올려보세요. 스트레스 없이 자연스럽게 말이 전달되죠. 이게 바로 활기 넘치는 대화입니다. 그때는 세련된 언어가 아니어도, 상대에게 말을 전하려고 애쓰지 않아도 잘 전해집니다. 이 상태를 일상생활에 응용할 수 있다면 최고겠지요.

상사나 거래처와의 대화에서도 친한 친구와 대화하는 기분으로 임하세요. 마음이 열린 상태로 대하게 됩니다. 이쪽에서 마음을 열면 상대도 스스로 마음을 열게 되어 있습니다. 마음이 열리면 대화는 자연스레 활기를 띱니다.

대화기술을 써먹기보다 마음을 여는 게 훨씬 더 효과적입니다. 현란한 말솜씨는 역효과를 내기 십상이거든요. 인간은 본능적으로 '상대가 뭔가 **빼앗아** 가는 게 아닐까?', '날 나무라는 게 아닐까?'라는 불안과 공포가 앞서서 좀처럼 마음을 열지 않습니다. 그러나 조금이라도 이쪽이 마음을 열고 대하면 상대도 달라집니다. 재치가 번뜩이는 상태가 시작되기만 하면 소통이 시작됩니다. 스트레스는커녕 소통의 행복감을 맛보게 됩니다.

'마음을 여는 것'과 '상대가 하자는 대로 하는 것'은 별개의 문제지요. 마음을 열었다고 해서 상대방이 원하는 대로 휘둘릴 일은 없습니다. 반대로 마음을 열어감에 따라 서로 기분 좋게 일이 진전됩니다.

31
말을 안 들어요

제게는 초등학생 아들과 유치원에 다니는 딸이 있습니다.

아이를 키우다 보면 '부모를 일부러 곤란하게 만드는 게 아닐까?'란 생각이 들 정도로 엉뚱한 행동을 할 때가 있습니다. 뒤늦게 알았지만, 그건 아이가 보내는 신호랍니다.

엄마 아빠가 이쪽을 좀 봐주었으면, 긍정해주었으면, 인정해주었으면, 받아주었으면 하는 바람에서입니다.

아이의 이런 본심을 몰라주고 알아도 모른 척 계속 무시하면 어떻게 될까요? 아이는 '어차피 알아주지 않을걸' 하며 마음의 문을 닫아버립니다. 그리고 반항을 계속할지도 모릅니다.

반대로 생각해보면 아이가 곤란하게 만든 일 덕분에 부모도 여러 가지를 알게 되고 성장할 수 있는 기회를 얻는 것입니다. 가치관을 고치고, 행동을 고치고, 인생을 고치고…….

부모도 인간입니다. 약한 부분을 많이 가지고 있습니다. 곤란을 겪으면서 사람은 성장합니다. 저도 아이를 키우면서, 교실에서 아이들과 생활하며 여러 가지 어려움이 있었습니다. 하지만 지금 생각하면 그 덕분에 내 자신이 달라지고 성장할 수 있었습니다.

어떻게 하면 전달이 될까

그런데도 부모는 이렇게 말합니다. "아이가 말을 안 들어요."

상사도 말합니다. "부하가 말을 안 들어요."

"말을 안 듣는다"라는 말은 '말하는 것을 듣게' 하려는 것이지요. 아이나 부하의 입장에 서볼까요. 말을 듣게 하려고 강제로 시키면 어떤 기분이 들까요. 아이나 부하나 인간입니다. 지배를 싫어하는 존재입니다. 정말로 말을 듣게 하고 싶으면 상대의 입장에 서서 배려하고 다정하게 여유 있게 말해야 합니다.

그만큼 나를 전하는 것이 어렵다는 말입니다. 가까운 사이라고 해서 쉬운 것도 아닙니다. **그러니까 '말을 듣게 하자'가 아니라 '어떻게 하면 전달이 될까' 싶은 방법을 찾아 시행착오를 거치기 바랍니다.** 맞습니다. '전하다'와 '전달하다'의 차이를 인식하는 것입니다.

예를 들면 '좀 더 빨리 했으면'이란 생각이 들면 "빨리 해라"가 아니라 "어떻게 하면 전체가 효율적으로 잘할까 같이 생각해보자"라고 말하는 여유입니다.

부모나 상사, 선생이란 무의식적으로 지배욕이 강해지는 역할입니다. 왜냐하면 자신이 하는 말을 순순히 그냥 "네" 하고 들어주는 사람만 있는 것이 편하니까 말이죠. 그러니까 윗사람일수록 자신이 무의식적으로 지배하려 한다는 점을 알고 전달하는 실력을 늘리려고 노력하는 것이 중요합니다.

해봐도 안 될 때는?

상대방을 변화시키려는 사람들은 상대가 결코 달라지지 않으면 많은 스트레스를 받습니다. '왜 저 사람은 이런 거야'라고 싫은 감정이 목에 걸린 가시처럼 남습니다. 이건 흔히 있는 일입니다. 감정의 실타래가 엉켜서 쉽게 풀리지 않습니다. 사람은 쉽게 달라지지 않으니까요.

이럴 때 어떻게 하면 좋을까요. 방법에 따라서는 본인도 상대방도 깊은 상처를 받게 됩니다. 양쪽 다 행복해지는 좋은 방법이 있을까요. 그 비결을 생각해보았습니다.

- 가치관이 다르다는 사실을 받아들인다. 자신의 의견이 반드시 옳다고만 할 수 없다는 걸 안다.
- 상대의 의견을 잘 들음으로써 상대가 뭘 원하는지 안다.

- 거리를 바꾸어 본다. 물리적 거리도, 마음의 거리도 가까이했다가 멀리했다가 해본다.
- 다른 입장의 제3자를 사이에 둔다.
- 서로의 의견을 종이에 써서 시각화한다. 시각화하면 상대의 입장도 잘 이해할 수 있다.

여기 방법들을 이것저것 실험해보고 그래도 안 되면 정 안 되면…… 그만둡시다. 실은 변화시키려고 하는 것을 멈추는 게 오히려 일이 풀리는 최선책이 되는 경우도 많습니다. 가장 안 좋은 것이 어중간하게 그만두고 도망가거나, 쓸데없이 분노를 터트리거나 초조해서 상대방을 변화시키려고 하는 일입니다. 그러니까 단념할 때는 당당하게 깔끔하게 하는 것이 중요합니다.

상대에게 자신의 말을 전하고 싶으면 상대 입장에서 효율적으로 전하는 기술을 배웁시다.

'전했다'에서 '전달했다'로.

이 기쁨을 계속 체험해 갑시다.

32
아이를 **공부**하게 만드는 방법

공부를 아주 좋아하는 초등학생 장남이 최근 학원 숙제를 할 때마다 표정이 어두워졌습니다. 그런 모습을 보면 나도 덩달아 기운이 빠집니다. 그래서 아내와 얘기했습니다.

"아들에게 무엇이 최선인가?"

숙제를 다 하는 것도 중요합니다. 하지만 가장 안 좋은 건 '공부=마지못해 해야 하는 것'이 되어 싫어지는 것입니다. 가장 좋은 방법은 공부가 좋아져서 즐기는 것이죠. 그래서 숙제 양을 줄이는 구체적인 방법을 실행했습니다.

공부하고 싶어지는 환경을 부부가 만들어가자는 아이디어도 나왔습니다. 구체적으로는 책상을 바꾼다거나 좋아하는 그림이 든 연필을 선물한다거나 하는 방법입니다. 카페에 가족 모두 가서 각자 공부하는 환경을 만들기도 했습니다.

어느 날 서예교실 아이들에게 물었습니다.

"부모가 어떻게 하면 아이가 공부하고 싶어 할까?"
아이들이 말한 답을 일부 소개합니다.

■ 공부를 하면 인간이 어떻게 훌륭한 사람이 되는지 말해준다.

  ∟ 최종적인 목적의식을 심어준다.

■ 하루에 3시간씩 한 달 동안 계속하면 좋아하는 것을 한 개 사준다.

  ∟ 구체적인 보상을 주어서 동기를 유발시킨다.

■ 공부한 만큼 자기가 좋아하는 것을 해도 좋다.

  ∟ '자유'라는 최고의 상을 획득하기 위해 공부를 하게 된다.

■ 아이가 흥미를 가질 만한 이과계 과학잡지나 영문잡지를 구독한다.

  ∟ 아이를 둘러싼 환경이 중요하다.

■ 부모도 같이 공부한다.

  ∟ 전우가 되어 같이 하는 것으로 가족팀워크가 이루어진다.

■ 공부하라고 협박한다.

  ∟ 부모의 권력을 사용하는데 방법에 따라서 결과는 다르다.

■ 부모끼리 공부하는 아이 앞에서 칭찬한다.

  ∟ 심리학의 법칙을 이용한 것으로 좋은 평가를 받을 만한 전략적인 작전
    이다.

공부해라 = 의욕상실

또 대부분의 아이들이 말합니다.

"공부해라"는 말을 들으면 도리어 공부하기 싫어져요.

공부하라고 화를 낸다고 공부가 하고 싶어지는 아이는 이 세상에 없습니다. 유명한 설문조사에서 "부모가 왜 화났다고 생각해?"라는 질문에 "화내는 사람이 기분 나쁜 일이 있어서"라는 답이 많았다고 합니다. 맞습니다. 감정적으로 말해봤자 '화났네', '기분이 안 좋은 건 싫다'라는 생각밖에 안 든다는 것입니다. 화내는 사람도 전하려고 하는 건 감정이 아니라 '내가 하는 말을 들어주었으면'일 것입니다. 그런데도 감정을 앞세워서 중요한 것이 전해지지 않습니다.

예를 들면 아이들이 공부하게 하려면 화를 내며 공부하라고 다그치지 말고 "공부할 시간인데 어떻게 할까?"처럼 부드럽게 재촉하는 것이 좋습니다. 도쿄대학교에 합격한 대부분의 학생들은 부모에게 "공부해라"는 말을 들어 본 적이 없답니다. 그리고 보니 만화 도라에몽의 캐릭터인 자이안이나 노비타의 엄마는 항상 화내고 소리치고, 시즈카와 데키스기의 엄마는 화를 안 냅니다. 원래 잘하는 아이가 아니라 공부하고 싶어지는 환경을 만드는 데 성공한 것이지요.

저는 서예교실에서 "써라"고 말 한 적이 없습니다. 대신 "쓰지 마라"고 한 적은 있습니다. 저는 부모로서 "공부해라"는 말 대신에 "공부하면 머리가 너무 좋아져서 인기가 너무 좋아지면 곤란하니까 공부하면 안 돼" 그럽니다. 참 재미있지요? 이런 말 들으면 공부하고 싶어지나 봅니다.

이런 일은 공부뿐만 아니라 업무에도 응용할 수 있습니다. 상사가 무조건 "많이 팔아라"고 압박하는 회사의 실적이 안정적으로 늘어날 리 없습니다. 목적의식이나 구체적인 목표, 환경조성 등 중요한 요소가 갖추어져야 하고픈 의욕이 생깁니다.

만약 지금 살아가는 일에 조금 지쳤다거나 일할 의욕이 없다는 생각이 드는 분이 있나요? 그렇다면 아이들의 의견을 참고하여 자신을 응원해보시기 바랍니다.

의욕은 무리하게 늘리려고 하면 튕겨져 나옵니다. 하고 싶은 생각이 들게 환경을 만들어 주면 자연히 생겨납니다.

부정적인 이야기, 세 번째

좋아, 모두 모이도록. 오늘의 부정적인 테마는 '나쁜 소문'이다.

여러분은 흔한 소문을 흘리거나 나쁜 소문을 그대로 믿는 게 어떤 건지 아나?

그 정도는 이제 알겠지!

어차피 소문 낼 거라면 엄청나게 부정적으로 소문을 내는 거다!

요시나가! 말해봐!

"저 사람 성격 안 좋대."

안 되겠다! 가와이! 말해봐!

"그 녀석 세계정복을 꾀하고 있다지, 정복하는 날 밤에는 세상에 행복을 뿌린다지."

좋아! 어중간한 소문은 흘리지 마라!

엄청난 소문만 흘려보내라!

"코, 코치님! 사실은 코치님이 긍정적이라는 소문이 있어요!"

제4장

불안

"불안은 글로 적어 객관적으로 바라보면
해결할 수 있습니다"

문제를 크게 만들지 않는다

장래 일을 심각하게 생각하면 불안해집니다.

수입, 일, 건강, 사회정세……. '미래는 절대적으로 안심할 수 있다'라고 말하는 사람은 없습니다. 앞으로의 일을 생각해서 전략이나 계획을 세워두고 안심하며 지금을 즐긴다면 좋겠지요. 하지만 너무 생각을 많이 한 나머지 불안해진다면 미래를 생각하지 않는 것이 나을지도 모릅니다.

다만 심각한 문제가 있을 때는 어떻게 해야 하나요.

한 학생이 이야기 중에 아주 인상에 남는 말을 했습니다.

M씨는 남편과 십 대 딸이 있습니다. 남편과 딸이 모두 우울증에 걸리고 말았습니다. 그러나 그녀는 눈앞의 어려움과 씩씩하게 싸우고 있습니다. 얼굴 한번 찌푸리지 않고 무리하지 않으며 긍정적으로 살아가고 있습니다.

저라면 그 상황을 견디지 못할지도 모릅니다. 저는 그녀에게 긍정적으로 살 수 있는 비결을 물었습니다.

"별일 아니라고 생각하려고 노력합니다."

이건 단순하지만 아주 효과적인 사고방식입니다.

사람들은 공포를 키우는 경향이 있습니다. 공포심이 공포심을 낳는 악순환에 빠져듭니다. 나 자신도 모르게 말도 안 되는 몽상에 시달리며 괴로워합니다. 문제는 크지 않다고 여기며 냉정하게 맞서는 힘을 길러야 합니다.

별것 아니라고 생각한다

또 40대인 여학생은 정기검진을 받다가 위암이 발견되었습니다. 결국 위를 전부 적출하는 결단을 했습니다. 수술은 성공했고 지금은 조금씩 재활치료를 하면서 건강을 되찾고 있습니다. 서예교실에도 나오기 시작했습니다.

그녀를 보며 대단하다고 느낀 점은 전혀 기죽지 않았다는 겁니다. 뿐만 아니라 병을 정면에서 받아들이고 이겨내었으며 밝게 생활하고 있다는 것입니다. 지금은 감사의 마음이 넘쳐서 주위 사람들에게 나누고 싶다 합니다. 절대로 무리하지 않고 태연합니다. 상식적으로 생각해보면 위가 전부 없어졌다는 사실에 태연하기는 어렵습니다.

저는 큰 수술을 받았는데도 그렇게 건강하게 지낼 수 있는 이유를 물었습니다.

"몸이 아프니까 마음만은 건강하게 지켜야죠. 문제를 크게 생각하지 않으려고 합니다."

그녀는 다른 사람에게 가능한 의지하지 않습니다. 자신이 할 수 있는 일은 최대한 노력합니다.

두 사람의 공통점은 **문제를 크게 생각하지 않는다**는 것이죠.

다른 사람이 볼 때 커다란 문제라도 '자신이 큰 문제가 아니다'라고 생각하고 있으면 현실보다 작아지지 않을까요. 그래서 큰 문제가 아니라고 생각하고 생각함으로써 실제로 별것 아닌 문제로 변해갑니다. 기적이 따로 있을까요.

뭔가 문제가 생기면 '생각한 것보다 크지 않다. 별일 아니다'라고 생각합시다. 날마다 연습하면 살아가는 것이 편안해집니다.

34
호흡을 가다듬고 명상하라

저는 2011년 여름부터 약 1년간 담석 때문에 고통 받았습니다. 고민 끝에 담낭을 들어내는 수술을 받았습니다. 제아무리 건강체질이라 해도 기분이 우울해지고 마음이 흔들리는 일이 있었습니다.

병을 앓고 나서 이전보다 심호흡의 질과 양을 배로 늘렸습니다. 그러자 하루 중에 마음이 동요하는 횟수가 확 줄었습니다. 그것도 눈에 띄게 확 말입니다.

호흡은 자신의 의지로 조절할 수 있는 귀중한 행동이자 변화입니다. 간단해서 언제 어디서나 할 수 있습니다. 거기에 돈도 들지 않습니다.

보통의 심호흡도 좋고 눈을 감고하는 복식호흡도 좋습니다. 등을 펴고 요가의 자세로 하는 심호흡도 권합니다. 저는 전철에 탔을 때나 목욕탕에 들어가면 명상과 심호흡을 하는 습관이 있습니다.

호흡을 바꾸면 인생이 바뀐다고 생각합니다. 이 책을 읽으면서 깊은 호흡을 해보시길 바랍니다.

몸의 컨디션뿐만 아닙니다. '뭔가 위화감이 든다'라고 느끼면 대개는 그 느낌이 맞아 떨어집니다. 인간관계에 있어서 새로운 뭔가를 시작하려고 할 때 '가슴이 뛴다'거나 그 일을 생각하면 '기분이 무거워진다'면 일단 그만두는 것이 좋습니다. 적어도 상태를 지켜보는 것이 좋겠지요.

나 자신도 위화감이 드는데도 불구하고 일을 강제로 진행하면 잘되지 않습니다. 명백하게 맞지 않는 길을 택했다고 느껴졌지만 시간이 임박하거나 주변에 대한 체면치레 때문에 돌이키지 않는 것이 어른답다는 생각으로 밀어붙인 경우도 있었습니다.

하지만 결과가 좋지 않을 것을 알게 된 시점에서 일단 정지하세요. 상태를 지켜보고 경우에 따라서는 회피하는 것도 용기라 생각합니다.

눈을 감고 심호흡을 하라

"힘을 빼되, 기는 빼지 마라."
이것은 살아가는 데 있어서 대단히 중요합니다. 먼저 자신이 '아, 힘이 들어갔네'라고 인정하는 것이 중요합니다.

대개 싫어하는 문제에 부딪혔을 때 힘이 들어갑니다. 잘하는 것일수록 적절한 힘을 줄 수 있습니다. 싫어하는 사람, 싫어하는 물건, 싫어하는 행동, 싫어하는 현상과 만났을 때, 나도 몰래 힘이 들어가 버립니다. 그럴 때 눈을 감고 심호흡을 하세요. 바로 힘이 빠집니다. 기는 긴장됩니다. 기운이 충만해 있고 힘이 적당하게 빠지면 대부분의 일은 좋은 방향으로 흘러갑니다.

예를 들어 저는 작품을 쓰기 전에 반드시 명상을 합니다. 명상이라지만 그냥 눈을 감고 가만히 있을 뿐입니다.

1분만 명상해도 기분이 한결 새로워집니다. 눈을 감고 있을 때 무슨 생각을 하느냐고요? 처음에는 대개 잡념뿐입니다. 하지만 저는 먼저 '우주에서 본 지구'를 머릿속에 그려봅니다. 그 아름다움에 잡념은 사라지고 집중이 되니까요. 최근에는 명상 전에 멍하니 시간을 보냅니다. 그냥 뒹굴면서 하늘을 본다거나 책상다리하고 앉아서 한 점을 바라보기도 합니다.

이 멍한 시간을 아까워해서는 안 됩니다. 마음에 '여백'이 생기는 시간입니다. 그렇게 함으로써 신선한 공기가 마음속을 지나갑니다.

출근 전, 회의 전, 집안일을 하기 전에 꼭 해보세요. 해보면 멍때리기가 의외로 어렵습니다. 익숙해질 때까지 시간이 걸릴지도 모릅니다.

35

초조해하지 마라

사람은 누구나 초조해합니다. 초조는 마이너스 감정이라는 걸 모두들 알고 있습니다. 그래서 아무도 초조하고 싶지 않습니다. 그러나 초조합니다. 초조하면 불안이 번집니다.

특히 시간에 쫓기거나 생각보다 결과가 안 나왔을 때는 정말 초조합니다. 초조해하면 안 된다고 생각하면서 또 초조해집니다.

이 처치 곤란한 딜레마에서 빠져나오기 위해서는 어떻게 해야 할까요.

저는 어떤 방법을 쓰고 나서는 이전에 비해 초조감이 현저하게 줄었습니다. 제가 초조할 때 쓰는 방법을 소개하죠.

① 초조해지려는 느낌을 안다. '초조하네'라고 인정한다.

② 심호흡한다.

③ '잘 안 되어도 좋아' 하고 집착을 버리고 힘을 뺀다.

④ 잘될 거라고 생각하여 잘되었을 때의 자신을 연기해본다.

이렇게 '초조해하는 자신'과 얼마나 정면으로 마주할 수 있느냐가 중요합니다. 싫은 일은 생각하지 않으려는 게 사람의 속성입니다. 누구나 가능하다면 잊어버리고 싶어 합니다. 하지만 생각하지 않으려고 할수록 신경이 쓰여서 마음 한구석에는 스트레스가 쌓여 갑니다. 실제로 뇌 과학적으로도 '잊은 줄 알았던 신경 쓰이는 일'이 스트레스의 원인임이 증명되었습니다.

되돌아보면 저도 초조해하면서 행동했을 때는 꼭 결과가 안 좋았습니다. 또 초조하게 얻은 무언가는 반드시 문제를 끌어들였습니다.

작은 일이건 큰일이건 뭔가 행동을 할 때는 초조해하지 않습니다.

즉 결과를 바로 구하지 말고 길게 보고 시간을 들여서 천천히 이루는 모습을 상상합니다.

초조해지지 않기 위해서, 앞에서 말한 ①~④를 반복해서 해보세요.

자신의 마음이 안정되는 것을 느낄 것입니다.

36

걱정을 **기도**로 바꾸어라

소중한 사람이 떨어져 있으면 걱정이 되지요. 몇 살이 되건 부모가 자식을 걱정하듯이 말입니다.

다만 걱정해봐야 사실이 변하지 않는다는 것도 분명합니다. 그래서 저는 소중한 사람이 걱정이 되면 바로 '기도'로 바꾸라고 합니다.

'기도' 하면 종교적이라고 경원시하는 분이 있습니다. 하지만 좋은 이미지를 보낸다고 생각해보세요. 부정적인 이미지인 걱정하는 시간을 줄이고 기도로 보내는 시간을 늘리는 것입니다.

예를 들면 제 경우 구마모토의 양친과 전화통화가 안 될 때는 걱정하는 것보다 부모님의 웃는 얼굴이나 좋은 일을 떠올립니다.

요령은 걱정될 때 '걱정하지 말고 기도해야지!'라고 생각하지 말라는 것입니다. 원운동을 그리듯이 걱정이 떠올라도 그냥 받아들이세요. 그래서 좋은 이미지로 살살 흘러가도록 놔두세요. 기도에도 힘이 들어가지 않아야 합니다. 불안감이 강한 상태라면 힘이 들어가서 부정적인 이미지가 떠나지 않게 됩니다.

걱정에서 쓸데없는 힘이 빠지고 기도로 옮겨갈 수 있다면 상당한 수준입니다.

감사와 기도의 시간을 가져라

기도할 때의 요령을 전하겠습니다. 처음에는 어렵게 여겨질지도 모릅니다. 하지만 점점 자연스럽게 잘하게 됩니다. 물론 완벽하게 바로 작용하지는 않습니다. 초조해하지 말고 길게 보고 해보시길 권합니다.

① 입꼬리를 살짝 올린다.

② 눈을 감고 자세를 바로 한다.

③ 심호흡을 하면서 자신의 기를 정결하게 하는 이미지를 떠올린다.

④ 대상인물이나 대상물의 행복한 이미지를 떠올린다. 가능하면 감사도 보낸다.

예를 들면 저는 부정적이 되기 쉬운 이불 속을 '감사와 기도의 장소'로 만들면서 인생이 크게 플러스로 바뀌었습니다. 잠들기까지는 시간이 걸립니다. 이불속은 많은 사람과 일에 대한 감사와 기도를 하기에는 최고의 장소입니다. 먼저 부모님 선조에서 시작하여 아내와 아이들, 학생들, 신세 진 분들, 오늘 만난 사람들, 먹은 것과 스친 물건들에 감사해합니다. 그리고 그 대상이 행복한 파장이 되는 것을 이미지로 그립니다. 아마 그 이미지는 도착했을 겁니다.

그러니까 저는 이렇게 많은 사람들과 물건의 혜택을 받는다고 믿고 있습니다. 또한 목욕탕에서는 비전을 짭니다. 세계의 사람들에게 내가 어떻게 도움 되는 존재인지 이미지로 그립니다.

이불 속과 목욕탕은 정말 강추입니다. 이 책을 읽고 있는 당신! 제가 맘대로 감사하고 있으니 조심하세요. 방심하면 인생이 더욱 플러스로 되어버릴지도.

37
불안을 **적는 것**의 힘

살아 있으면 불안하기 마련입니다.

사랑하는 가족과 함께 있어도, 높은 수입이나 지위가 있어도, 그것들을 '잃을지도 모른다'는 불안감이 듭니다. 즉 아무리 많은 것을 손에 넣어도 언제까지나 불안이 없어지지는 않습니다.

'불안한 건 당연'하다고 생각하는 것이 좋습니다. 다만, 그렇게 생각되지 않으니까 이 책을 샀을 겁니다. 불안은 당연한 것입니다만 '불안'이 커지지 않게 하는 방법이 있습니다.

감사의 말을 한다, 운동을 한다 등등 여러 가지 방법이 있습니다. **그중에서도 효과적인 방법이 '쓰는 것'입니다.**

종이나 노트를 준비하고, 당신이 느끼는 불안을 전부 써봅니다. 머릿속에 있는 모든 불안을 생각나는 대로 적어 나갑니다. 누구에게 보여줄 것이 아니니까 창피할 필요도 없습니다. 있는 것 몽땅 다 적어봅니다.

그리고 적은 것을 쳐다봅니다. 생각지도 않았던 것이 섞여 있지는 않나요. 이것이 글로 쓰기의 효과입니다. 머릿속에서 '저것도 불안, 이것도 불안하다'고 생각만 하고 있는 것보다 낫습니다. 불안이 구체적이고 시각화되어 있으니 정리하기 쉽습니다.

불안을 정리한다

어떻습니까? 적어보니 생각하고 있던 것이 글자가 되어 조금은 편해졌나요. '내가 이런 불안을 안고 있었군', '왠지 개운치 않았는데 써놓고 보니 별거 아니네' 등등 여러 가지 느낌이 들겠지요.

그게 바로 '불안의 정리'입니다. 써봄으로써 막연했던 것이 객관적으로 보이게 되고 정리가 됩니다.

다음에 빨간 펜을 준비해서 해결할 수 있는 것에 ○를 표시합니다. ○를 표시한 시점부터 이미 그 불안은 해결된 것입니다. 당신의 잠재의식에서는 해결의 실마리가 보이기 때문입니다.

그러면 ○가 표시 안 된 것이 있죠. 이번에는 종이랑 노트를 3등분합니다. 그리고 '바로 정말로 해결하고 싶은 것', '다른 사람에게 맡기면 해결되는 것', '지금 해결하지 않아도 되는 것'으로 구분합니다.

그중에 당신이 할 것은 '바로 정말로 해결하고 싶은 것'뿐입니다. 즉다른 일은 불안하다고 느끼기만 할 뿐 '당신이 하지 않아도 될 일'이네요. 어때요. 처음에 적었던 불안의 숫자와 비교하면 많이 줄어들지 않았나요.

'써본다'는 건 돈 들이지 않고 자신이라는 카운슬러와 상담하는 것과 같습니다.

새로운 습관을 시작하라

또 '쓰기 시작'한다는 것은 습관을 바꾸는 힘도 있습니다.

저는 이전에 '금연'이라고 썼습니다. 그러나 몇 번이나 실패하고 '남자가 왜 이렇게 의지가 약한가' 싶어 침울했습니다. 그때는 '끊어야지'라며 의지로 버티곤 했습니다. 그러나 끊지 못했습니다. 그러던 어느 날 불현듯 생각이나 '담배를 피우고 싶을 때는 붓을 들고 쓴다'라고 써놓아 보았습니다. 그러자 3일 만에 담배를 끊을 수가 있었습니다.

뭔가를 끊는다는 건 정말 어렵습니다. 인간의 의지는 의외로 약합니다. 그러니까 하던 습관을 끊는 것이 아니라 **새로운 습관을 시작하라**는 것입니다. 새로운 행동습관을 시작하는 것이 잘 바꾸는 방법입니다.

저는 서예가이므로 다짐을 글로 써서 매일 보이는 곳에 붙여둘 것을 권합니다. 매니페스토, 즉 선언하는 것입니다. 이것만은 반드시 이루고야 말겠다는 선언을 1년 동안 붙여 놓으세요.

'네? 그뿐이에요? 거짓말!' 이렇게 생각하는 분도 많을 겁니다. 쓰는 것만으로도 인생이 바뀐다는 것을 많은 사람들이 체험하고 있으리라 생각합니다.

예를 들자면 런던올림픽 금메달리스트인 무라타 료타 선수가 자택의 냉장고에 '금메달 땄습니다. 감사합니다'라고 붙여놓은 이야기는 유명합니다. 'OO하고 싶다'보다도 'OO했습니다'라고 실현한 것을 이미지화하면 효과적입니다. 거기다 "감사합니다"라고 먼저 감사하는 것도 효과적입니다. 이거야말로 '쓰는 것'의 금메달리스트인 셈입니다.

과거의 위인들을 예를 들면 간진화상도 잇펜화상도 구카이도 도쿠가와 이에야스도 글의 힘을 잘 알고 있었습니다. 쓴다는 것은 인류의 예지라 할 수 있는 '말'을 이 세상에 구체화하는 것입니다. 엄청난 말의 힘을 최대한으로 끌어내는 것이라고 저는 확신합니다.

그래서 저는 서예가를 그만둘 수 없는지도 모릅니다.

38
찬스는 위기의 얼굴을 하고 있다

일전에 차를 벽에다 긁고 말았습니다. 차 왼쪽에 자국이 났습니다. 그러자 운전하는 것이 어색하게 되었습니다. 저는 그럴 때 종이에 씁니다. '운전 방심하지 마라. 흥분하지 마라. 적당한 긴장과 집중이 필수다. 그러기 위해서 더욱 운전의 즐거움을 알고 맛보자'라고 썼습니다. **하지만 이 다짐을 쓰기만 해서는 안 됩니다. 정말로 실천해야 플러스가 됩니다.**

차에 탈 때마다 작은 목소리로 "좋다"라고 말하고 종이에 쓴 문장을 생각합니다. 그러자 점점 이전과 같이 운전을 즐기고 집중하는 힘이 돌아왔습니다. 이렇게 뭔가 실패하거나, 벽에 부딪히거나, 문제가 생겼을 때 그냥 주저앉거나 자신을 나무라지 않고 확실하게 플러스로 바꾸어가는 사고와 행동이 중요합니다.

그렇게 하면 **위기는 모두 찬스로 바뀝니다.** 위기는 단번에 성장할 수 있는 종자입니다. 찬스의 씨앗을 손에 넣을지 말지는 당신 하기에 달렸습니다.

'더 이상 안 되겠어'라고 본인은 생각해도 남이 보면 "뭐가? 괜찮은데"라는 경우가 많죠. 스스로 **'안 되는 이유'**를 늘어놓고 "거봐, 안 되잖아"라며 풀이 죽은 거랍니다.

누구든 다른 사람 일이라면 아주 냉정하게 분석합니다. 그러나 자신의 일에는 극단적으로 시야가 좁아집니다. 막다른 골목에 왔다고 생각하는 건 본인뿐입니다. 자신이 멋대로 몽상의 벽을 만든 거랍니다.

'약함'을 '강함'으로

정리해고를 당하면 '아, 이제 끝이야'라고 생각하지요. 하지만 해고되었기 때문에 할 수 있는 것을 생각하면 밝은 빛이 보입니다. 긍정적인 사람이라면 '정리해고는 새로운 세계에 들어가는 찬스'라고 생각할 겁니다. 그러나 이제 끝이라고 생각하는 사람은 '수입이 없으니 이제 어쩌지', '아무것도 잘하는 게 없으니 다른 데 갈 곳이 없어', '나이도 있고' 등등. 안 되는 이유만 다 모아서 '벽'을 높이 쌓아갑니다.

저는 벽이 있으면 곧 찬스라고 생각합니다.

맞아요, 찬스는 위기의 모습을 하고 찾아오니까요.

벽은 자신의 좁은 시야가 만드는 것입니다. 벽이라고 느끼면 새로운 생각, 새로운 자신을 만들 기회가 온 것입니다. 벽이 자신을 객관화하는 데 도움을 줍니다.

예를 들면 영화 속의 '근육맨'은 '화재 현장의 절박함'을 이용해, 절체절명의 위기를 몇 번이고 넘깁니다. 〈드래곤볼〉의 손오공은 자신의 우둔함을 깨닫고 혹독한 훈련 끝에 슈퍼 사이어인이 되었습니다. '식충식물'은 다른 식물과의 영양획득 경쟁에서 졌습니다. 그래서 필사적으로 연명해 오다가 '벌레를 잡아먹는 진화'를 할 수가 있었습니다.

우리 인류도 그렇게 진화했습니다. 지구의 산림이 급감할 때 원숭이들과의 영역 싸움에 진 인류가 숲에서 도망치기 위해 두 발 보행과 불을 사용하는 것을 배워서 진화했다는 설이 있습니다.

즉 계속 이기기만 하는 종은 없습니다. 항상 강한 모습인 자는 없습니다. 약함을 알고 그걸 극복하기 위해서 필사적으로 매달린 자만이 새롭게 진화합니다. 약자가 강자로 변화했을 때의 힘은 진짜 강합니다.

다시 말해서 약함은 강함과 연결되어 있습니다.

39

곤란을 극복하는 방법

저는 서예교실의 학생들이나 일 관계로 만난 사람들에게 고민을 듣습니다. 블로그나 트위터를 통해 고민 상담을 하는 경우도 많습니다.

듣다 보면 작은 어려움에도 좌절하는 사람이 있는가 하면, 커다란 난관도 잘 극복해 나가는 사람이 있더군요. 예를 들면 남편이 잘해주지 않는다고 아예 실의에 빠져 있는 아내가 있는가 하면, 남편이 우울증인데도 말없이 밝게 이겨내는 아내도 있습니다.

가정 폭력을 휘두르는 부모 밑에서 자랐어도 '나는 부모 사랑을 못 받았어' 같은 내색은 티끌만큼도 내지 않고 사회공헌에 몸을 던지는 남성도 있습니다.

즉 난관의 크기와 사람이 그걸 이겨내느냐 마느냐는 비례하지 않습니다. 곤란의 크고 작음에 관계없이 이겨내는 사람과 주저앉지 않는 사람의 공통점은 '행동력'에 있습니다. 가만히 앉아서 머리로만 생각해봐야 해결의 길은 보이지 않는다는 사실을 잘 알고 있습니다. 또한 기개가 넘칩니다. 바꾸어 말하면 '각오', '결심', '결의', '강한 의지' 등입니다. 이것은 모든 전략, 전술, 지혜, 지식을 초월합니다.

거꾸로 주저앉는 사람은 자신을 과소평가하는 경향이 있습니다.

'어차피 나는'이나 '어차피'라고 무의식적인 한계를 걸어놓고 과소평가합니다. 그러다보니 마음속에 있는 나약한 마음이 권력을 가집니다. 나약함이 날뛰면 조그마한 곤란도 커다란 괴물이 됩니다. 그리고는 "왜 나한테만 이런 일이 일어나는 거야"라며 "왜? 왜!", 세상을 나무랍니다.

사고방식이나 시점을 바꾸어라

그렇게 되고 싶지 않지요? 그럼 반대로 생각하면 좋습니다.

'정말로 나만 이런 힘든 일을 겪는 것일까?'

'누구의 탓도 아니고 나의 행동을 바꾸면 뭔가 달라질지도 몰라'라고.

사고방식이나 시각을 조금 바꾸는 것만으로도 상황이 확 바뀌기도 합니다. 시각을 바꾸는 데는 유연한 사고와 창조적 발상이 필요합니다. 창조적 감성을 갈고 닦는 데는 매일매일 단련이 필요합니다. 항상 변하지 않는 풍경이나 생활을 얼마나 역동적으로 받아들일 수 있느냐가 중요합니다.

운동, 식사, 가족, 텔레비전, 화장실, 욕실과 같은 일상의 평범한 일들에 얼마만큼 감동할 수 있나, 감사할 수 있나, 일상을 어느 정도 즐기는가에 달렸습니다.

다만, '넘지 않아도 될 곤란'도 있습니다. 그래요. '도망가도 되는 난관'입니다. 바꾸어 말하자면 '집착 때문에 생기는 곤란'입니다. '사귀지 않아도 되는 난관'입니다. 사귀지 않아도 되는 사람과 무리해서 만나고 있는 경우랍니다.

'너 지금 도전해보자는 거지?' 이런 느낌입니다. 그러니까 앞으로 난관에 봉착했을 때는 '어? 이것도 혹시 도망가도 되는 곤란일지도?' 이렇게 생각하세요.

뭔가에 집착하고 있지는 않은지 똑바로 봅시다.

40
감정과 표정은 연결되어 있다

저는 이전보다 제 자신의 감정을 잘 보게 되었습니다.

어떻게 느끼고 있나 감정의 파장을 정기적으로 체크합니다. 감정이 마이너스에 닿을 때 마음에서 알람이 울리도록 해두었습니다. 그래서 알람이 울리면 바로 파장을 좋은 상태로 정리해둡니다. 마이너스의 감정이 부풀어 오르지 않도록 합니다. 마이너스 감정이 작을 때 처리함으로써 쉽게 플러스로 옮겨갈 수 있답니다.

이렇게 하고 있으면 단순히 마이너스 감정에 휩쓸리는 일이 줄어듭니다. 뿐만 아니라 몸 컨디션도 좋아지고 기운도 확실하게 상승합니다.

우리들은 의외로 감정을 중요하게 여기지 않습니다. 예를 들면 미래의 이미지에 감정을 넣는 사람은 드물죠. "잘나가는 사람과 결혼하고 싶어"라는 구체적인 이미지는 있어도 "앞으로 매일매일 어떤 감정으로 살아갈까" 하는 일은 대개 생각하지 않습니다. "앞으로 돈이 필요해"보다 "돈이 많아서 생활이 풍족하고 언제나 가슴 설레는" 모습을 그리는 것이 좋습니다.

감정은 모든 것을 감싸줍니다. 두근두근 너무 즐겁습니다. 감사의 기분이 매일 넘쳐나도록 이미지에 감정을 불어넣을 것을 권합니다. 그렇게 하면 인간관계나 일, 돈 등 모든 것들을 좋은 감정으로 감싸 안을 수가 있습니다.

감정이 현실을 부르다

'감정'과 '현실'은 닭과 계란 같은 관계입니다. 어느 쪽이 먼저인지 모릅니다. 예를 들면 '비위가 상하니 비위 상하는 녀석과 만나'는 건지, '비위 상하는 녀석과 만나니까 비위가 상하'는'건지 헷갈립니다. 이렇게 말하면 '엥? 비위 상하는 녀석과 만나니까 비위 상하는 게 아닌가?'라고 생각할지 모릅니다. 하지만 사실은 그렇다고 단정 지을 수 없습니다. 초조하니까 초조한 일을 부르는 것이라고 할 수도 있습니다. "신난다. 신난다"라고 말하면 정말로 신나는 일이 계속 일어납니다. 근거 없이 "나는 운이 좋아"라고 생각하는 사람은 운 좋은 일이 많이 일어납니다. 왜냐하면 **운이 좋다고 생각하는 사람은 운이 좋다고 생각하는 일만 찾아서 헤아리니까요.**

운이 나쁘다고 생각하는 사람은 운이 안 좋다고 생각하는 일만 찾아냅니다.

'역시 난 운이 좋단 말이야' 아니면 '거봐, 역시 난 운이 나빠'로 나눠지는 거예요.

다시 말하지만 감정이나 믿음이 현실로 나타나기도 한다는 것입니다. 그러니 평소의 감정이 얼마나 중요합니까. '즐거워', '고마워' 같은 좋은 감정을 무조건 가져 보세요. 말이나 자세, 표정이나 문자를 사용해 감정을 다듬어갑니다. 그러니 활기찬 인사나 업무 자세가 중요한 거지요.

인간은 싱글벙글하면서 마이너스는 생각 못 합니다. 브이 포즈를 하면서 우울할 수 없습니다. 감정은 상당부분 표정이나 행동에 좌우됩니다. 감정과 표정은 밀접하게 연결되어 있습니다.

"기분을 바꾸어라!" 또는 "부정적인 생각을 버려!" 소리를 지른다 해도 감정은 바꾸기 어렵지만 표정이라면 지금 당장 바꿀 수 있습니다. 계속 좋은 표정으로 있는 건 무리일지 몰라도 하루에 10회라도 보통 때보다 좀 더 나은 표정을 늘리는 것만으로도 감정은 플러스 방향으로 움직입니다. 하루에 10분의 일이라도 좋은 감정이 늘어나면 좋은 일이 생길 확률이 10퍼센트 증가하니까요.

정말 농담이 아니고 평소에 표정을 조금씩 고치는 것만으로 인생이 달라진답니다. 오늘 한 가지라도 좋은 표정을 지어보지 않으시겠습니까.

41

전달이 안 되는 것이 당연

서예교실 워크숍에는 감정을 글로 표현하는 프로그램이 있습니다. 예를 들어 '노(怒)'라는 글자를 붓으로 쓰고 표현하기 전에 어떤 분노인가를 구체적으로 상상하게 합니다.

미친 듯 날뛰는 폭발적 분노. 부글부글 끓어오르는 노여움. "야―!!!" 하는 가벼운 분노. "야― 야……" 한숨 섞인 노여움. "진―짜―!" 귀여운 분노. 이런 분노를 가능한 구체적으로 이미지화해서 글에 싣습니다. 20분 정도면 여러 가지 분노가 나타납니다.

그러나 여기서 한 가지 의문이 생깁니다. 'OO 같은 분노'라고 아무리 말로 해도 뭔가 개운하지 않습니다. **'말은 생각의 10퍼센트도 전달하지 못한다'**는 것은 사실인 거죠. 예를 들어 미친 듯 날 뛰는 폭발적 분노라고 해도 그 감정이 100번 있으면 100번 다 다릅니다. 그걸 다 말로 나타내는 건 무리입니다. 피카소든, 모차르트든, 저 같은 사람이든 다들 힘들죠. 특히 어떤 아티스트라도 100퍼센트 표현하는 건 무리입니다. 100퍼센트를 다 표현하지 못하니까 오히려 창작의욕이 불타오른다고 합니다. 때문에 아티스트는 말보다 자신이 잘하는 도구를 사용해 표현하고 전달하려고 합니다. 피카소에게는 그림이, 모차르트에게는 음악이, 제게는 글이 가장 100퍼센트에 가까운 도구입니다.

그러므로 자신의 사고방식이 어느 정도로 표현되지 않았는지, 자신이 말하고 싶은 것이 어느 정도로 전해지지 않았는지, 이걸 인식하는 것이 중요합니다.

'전하다'와 '전달한다'는 전혀 다르다

예를 들면 "지금 당신의 기분을 표현해 보세요"라고 해도 자신의 기분을 정확히 모르는 경우가 많죠. 기분이란 아주 미묘해서 희로애락만으로 다 표현될 만큼 단순하지 않습니다.

그래서 사람들은 환희라든가 슬픔, 열광, 깨달음 등을 동경합니다. 애매하고 흔들리는 감정을 잡으려고 생겨난 것이 '말'입니다. 말을 더 많은 사람들에게 더 멀리까지 전달하려고 생겨난 것이 '문자'입니다.

저는 글을 말과 문자와 모든 예술을 내포하는 것으로 승화시키려고 도전하고 있습니다. 그러니까 저에게 있어서 글은 애매한 사고를

100퍼센트 표현할 수 있고 100퍼센트 전달할 수 있는 이상적인 전달 수단에 가장 가깝습니다. 그러나 아무리 여기서 열거해봐야 제가 하고 싶은 말의 몇 퍼센트밖에 전해지지 않겠지요.

저는 전하는 걸 좋아하고, 쓸 수 있는 건 모두 쓰고 싶습니다. 글도 문자도 블로그도 텔레비전도 책도 수다도 모두 말이죠.

전하다와 전달하다는 닮은 듯하지만 전혀 다릅니다. 사람들은 전하기만 해서는 즐겁지 않습니다. 전달되었을 때 즐겁습니다. 그렇게 생각합니다. 왜 전달되었을 때 좋을까요?

전달됨 → 사람과 연결되는 기쁨 → 공감, 공명하는 기쁨 → 자신의 존재가치 인식 → 살아 있다는 실감 → 사랑 받고 있다는 느낌…….

이것도 말로는 한계가 있습니다. 하지만 자신과 우주가 연결된 것으로 안정감이 생깁니다. 사람은 전하고 기쁜 것이 아니라 전해졌을 때 기쁜 것입니다,

결국 전달하는 힘을 기르는 것이 결과적으로 자신을 풍요롭게 하는 길입니다.

42
휴식

이전에 방송작가인 다카스 미츠요시 씨의 결혼피로연에 갔을 때입니다. 아키모토 야스시(방송작가) 씨, 야나이 미치히코(사진작가) 씨, 오오미야 에리(작가/영화감독) 씨, 토타스 마츠모토(가수) 씨, 오쿠다 다미오(뮤지션 아티스트) 씨, 스가 시카오(가수) 씨 등이랑 같은 테이블에 앉았습니다. 자연스럽게 화제는 휴일을 어떻게 보내느냐로 옮아갔습니다.

저는 아프고 난 이후 휴식에 대하여 아주 관심이 많았습니다. 때문에 저명한 작가들은 휴식을 어떻게 생각하는지 설레는 마음으로 귀를 기울였습니다.

아키모토 야스시 씨는 거침없이 "난 안 쉬어"라고 말했습니다. 그는 오직 일밖에 모르는 워커홀릭이랍니다. 두 손 들고 말았습니다. '쉬어야지' 하는 부담을 느끼지 않아도 좋다는 얘기였습니다. 상쾌한 기분마저 들었습니다. 아키모토 씨는 저와 'Be그림책 대상'의 심사위

원도 같이 하고 있습니다. 그렇게 바쁜 와중에도 틈틈이 긴장을 풀고 여유를 가지더군요. 참 훌륭하다고 느꼈습니다. 덧붙이자면 토타스 마츠모토 씨는 집 한가운데서 공구를 바라보며 휴일을 보낸다고 합니다. 오미야 에리 씨는 누군가와 계속 술을 마신다고도 하고요.

다만 쉬고 싶어도 쉴 시간이 나지 않는 사람도 많습니다. 일하지 않으면 불안해져서 거절하지 못하고 휴일에도 출근하는 게 원인입니다.

하지만 생활 속에서 '휴양'은 필수적입니다. 여기서 유효한 휴일을 만드는 팁을 소개하겠습니다.

① 여유를 '지금, 이 순간'을 느낄 것. 그 횟수를 늘릴 것.

② 스케줄에 '쉬는 날'이라고 써넣을 것.

'해야 할 일'이나 '예정'을 수첩에 적는 대신 '쉬기'라고 적어 넣는 것입니다.

'하고 싶은 것'보다 중요한 일은 '쉬는 것'입니다. 먼저 쉬는 날이라고 결심해야 나머지 여백에 해야 할 일을 하게 될 테니까. 덧붙이자면 '쉬기'란 '예정 없음'이란 뜻입니다. 놀러 갈 예정 없다는 의미입니다.

"네? 여유가 없어서 안 된다고요? 여유가 없으니까 먼저 여유를 만드는 겁니다."

실제로 제 주위에는 이 '여유'를 가질 각오를 하고 난 후 라이프스타일이 확 바뀐 사람이 적지 않습니다. 신기한 것이 여유를 가지면서 수입도 늘어났다는 것입니다.

'여유'와 '쉬는 것'은 '한가한 것'과는 다릅니다. 자신의 마음이 편해지는 '스케줄'입니다. 서예에서 말하는 '아름다운 여백'입니다.

자– 아름다운 여백을 만들어봅시다. 시간의 여유는 마음의 여유를 낳습니다. 반대로 시간의 여유가 없으면 마음의 여유는 생기기 어렵습니다. 여유는 여유를 낳고 여백에서는 새로운 바람이 불어옵니다.

마음과 스케줄에 여유를 ~!!!

부정적인 이야기, 네 번째

네거티브 집합!

오늘의 테마는 동경 올림픽이다!

올림픽은 훌륭하다! '허영심', '야심', '지기 싫어하는 마음', '경쟁심'과 같은 감정을 건전한 스포츠로 잘 변환했으니까.

오늘은 그런 예를 생각해보자! 나카자와 말해봐!

"저는 동기생에 대한 질투를 하급생 쪽으로 바꿨습니다."

안 돼, 아무것도 바뀌지 않았어! 스미스! 말해봐!

"저는 부자가 되고 싶은 야심을 주식으로 바꿨습니-다"

바꿨습니-다 라니! 전혀 안 되겠군! 하라구치!

"저는 슬픈 감정을 눈물로 바꾸고, 그 눈물을 꽃에 주었습니다!"

멋있어! 잘했어 하라구치!

알았나! 아직 너희들은 멀었다!

더욱더 굉장한 변환술을 배워야 되는 거야!

"코, 코치님, 그런데 스미스 씨 어느 나라 사람인가요?"

제5장

초조

"초초해도 좋습니다.
다만 오래 끌지 말고 반복하지 맙시다"

43

왜 **초조**한가?

사람들은 왜 초조해할까요.

그 원인은 대부분 '무엇 때문에'입니다. 예를 들면 '왜 이렇게 기다리게 해', '왜 안 해줘'와 같은 '왜 OO해주지 않는 거야'라는 기대감에서 조바심이 발생합니다. 즉 기대가 없으면 초조하지도 않습니다. 물론 기대 자체가 나쁜 것은 아닙니다.

다만 조바심이 많은 사람은 '쓸데없는 기대'가 많다는 말입니다. 평소에 자신이 해버린 '쓸데없는 기대'를 한번 세어볼까요. 가족이나 연인, 회사 등 다양한 곳에서 계속 나올 것입니다. 세다보면 여기저기 쓸데없이 기대를 많이 한 것에 놀랍니다. 저도 세어보니 상당히 많았습니다. 그걸 아는 것만으로도 초조감과 스트레스가 훨씬 줄었습니다.

다른 사람에게 무슨 말을 듣고 욱하고 화가 날 때는 그것이 자신의 급소인 경우가 대부분입니다. 급소와 전혀 관계없는 말을 들으면 무슨 말을 듣거나 화낼 일이 별로 없지요. 다나카 마사히로(프로야구선수) 선수에게 "야구 못하는 사람!"이라고 해도 말이죠.

예를 들면 자신의 아주 급한 성격이 신경 쓰이는 사람에게 "성격 급하군요"라고 하면 화를 냅니다. 만약 자신의 급한 성격을 받아들이고 장점이 될 수도 있다는 확신을 가지고 있다면 "성격 급하군요."라는 말을 들어도 "네, 그렇습니다." 하고 자연스럽게 넘어갈 수 있습니다. 오히려 그 일로 대화가 활기를 띨지도 모릅니다.

무슨 소리를 들었을 때 화가 나거나 안절부절 못할 때는 '아, 이것이 내 급소로구나' 하고 자신을 객관적으로 볼 찬스입니다. 자신이 자신을 용서할 수 없다거나 나무라는 걸 알고 자신의 결점을 받아들여 "그래" 하고 성장하는 계기로 삼는다면 된 것입니다.

또 안절부절 화가 나고 감정이 격해져도 자신을 나무라지 마세요. '분노'는 '자신을 아는 단서'가 되니까요. 분노의 대상에 냉정하기는 어렵지만 자신에게 질문을 던져보는 것입니다.

'엥? 내가 왜 이렇게 화가 났지?'

'화 안 내는 사람은 왜 이럴 때 화를 안낼까?'

여러 가지 질문을 자신에게 던져보세요. 그렇게 하면 안절부절 못하는 원인을 객관적으로 파악할 수가 있습니다.

44
초조해하라

살찐 게 싫어서 자신을 아주 심하게 질책하던 사람이 있습니다. 피눈물 나는 노력의 결과 다이어트에 성공했다고 칩시다. 성공해서 행복합니다. 주위의 눈도 달라지고 좋은 일뿐입니다.

하지만 어떻습니까. 만약 근처에 살찐 사람이 있다면 그 사람을 무의식적으로 마음속으로 부정하거나 나무랄지도 모릅니다. 그건 자신의 예전 모습이 비춰지기 때문입니다.

즉 부정적인 감정에 대하여 강한 부정을 하면, 그걸 극복했다 하더라도 마음속 한편에서는 해소되지 않은 겁니다.

예를 들면 이전에는 금방 안절부절못했지만, "안절부절못하는 건 절대 안 돼"라며 맹세하고 간신히 조바심 내지 않고 기분 좋게 있을 수 있는 기술을 터득한 사람이 있다고 합시다. 하지만 근처의 누군가가 조바심을 낸다면 '확' 하고 불이 붙어 분노가 치밀어 오를 것입니다. 즉 조바심을 강하게 부정하고 있으므로 타인의 조바심이 용서가 안 되는 것입니다.

그럼 어떻게 하면 좋을까요? 맞습니다. **'조바심을 내도 좋다'**라고 생각하는 것입니다. 부정적인 감정을 일단 받아들입니다. '흠, 좋아'라며 받아들인 후에 자신이 원하는 상태로 이미지화해서 거기로 여유 있게 나아가는 것입니다.

사람들은 '조바심을 내서는 안 돼', '불만을 가져서는 안 돼', '하소연해서는 안 돼'라고 말할수록 더욱 조바심이 납니다. 반대로 '조바심 내도 돼', '불만 가져도 돼', '하소연해도 괜찮아'라고 생각하는 것이 마음이 더 편해지지 않나요?

중요한 건 조바심을 내지 않는 것이 아니다

물론 조바심이나 불만은 없는 게 상책입니다. 하지만 현실에서는 가슴속에 이미 생겨버린 것을 억누르기 어렵습니다. 어딘가에서 불쑥 새나오거나 언젠가는 폭발해 버립니다. 그렇다면 요령껏 가스를 제거하면서 가능하면 조바심 내지 않고 여유롭게 개선해야 됩니다.

좋아! 초조해한다! 불만은 날려버려! 이러면서 농담이라도 하는 지점에서 신기하게도 조바심은 사라져버립니다.

반대로 '조바심 좀 내도 되지 않아?'라고 여기는 사람은 다른 사람의 조바심을 보아도 이를 옮기는 일은 많지 않습니다. 즉 조바심에 대해서 조바심을 내는 악순환을 막아야 합니다. 맞아요. 핵분열과 닮은 느낌이 듭니다.

중요한 사실은 안절부절못한다는 것이 아니라 쌓지 않을 것, 조바심을 늘리지 않을 것, 조바심을 오래 끌지 않아야 한다는 것입니다. 또한 같은 일로 몇 번이고 조바심 내지 않을 것. 어떤 한 가지 일로 몇 번이고 안절부절못하는 것은 어리석은 짓입니다. 어떻게든 자신이 움직여서 환경을 바꾸는 것이 가장 좋습니다. 초조해도 좋아요, 다만 오래 끌지 말고 반복하지 않는 것이 철칙입니다. 그래서 안절부절은 자신을 바꾸는 찬스입니다.

초조는 3회까지

그래도 안절부절못하고 초조함을 몇 번이고 되풀이합니다. 결국 자신도 상처 받고 주위에도 폐를 끼치게 됩니다.

저는 '**같은 초조를 세 번 이상 되풀이하지 않는다**'는 것을 신조로 삼고 있습니다.

예를 들면 외출할 때 "열쇠가 없어"라고 조바심을 내는 것은 세 번만 합니다. 열쇠가 없을 때 '조바심' 내지 않기로 정한 것만으로도 상당히 달라졌고 대책도 제대로 세웁니다. '열쇠 두는 곳을 한 군데로 정하자'로 간단하게 해결됐습니다.

우리들이 안절부절못하는 포인트는 실은 몇 번이고 같은 곳에서 안절부절 어쩔 줄 몰라 하는 것입니다. '갑자기 차가 막혀서' 그 때문에 '몇 번'이고 조바심을 낸다거나 '늦잠 자는 아이에게' 몇 번이고 '조마조마'하기도 합니다.

잘 생각해보면 '몇 번이고 똑같은 안절부절'이란 몇 번이나 같은 잘못을 되풀이하는 것과 같습니다. 대책을 세우지 않았을 뿐입니다. 자신의 기분을 바로 보지 않은 것입니다.

예를 들면 '집안사람의 어떤 행동으로 몇 번이고 안절부절 어쩔 줄 모르겠어!'라며 계속하는 사람은 자신이 아무 대책도 안 세우고 자신의 감정과 마주하지 않는다는 것입니다. '몇 번이고', '같은 조바심'은 안 해. 그렇게 정함으로써 하나하나 작은 조바심을 줄여나갑시다.

자, 종이와 펜을 준비하고, 평소에 자주 어쩔 줄 몰라 안절부절못했던 사실을 적어보시길 바랍니다.

45

마음먹은 대로 되지 않는다는 걸 안다

얼마 전에 지하철에서 무서운 어머니를 만났습니다. 초등학생 딸에게 "뭐 하는 거야!"라며 아주 험악하게 계속 소리지르고 있었습니다. 그 후에도 불만을 중얼중얼 토해내고 있었습니다.

언뜻 보기에 그 아이는 그다지 나쁜 행동을 한 것도 아니었습니다. 엄마는 오직 자신이 원하는 대로 되지 않자 안절부절못하며 아이에게 화풀이를 해대는 것으로 보였습니다. 제가 본 것은 빙산의 일각이겠지요. 평소에 모녀의 일상은 어떨까요. 아주 불안한 마음이 들었습니다.

물론 엄마 또한 인간입니다. 안절부절못하는 때도 있고 아이의 불가사의한 행동에 화가 날 때도 있겠지요.

다만 안절부절못하는 감정을 화풀이한다고 해서 무슨 득이 있겠습니까. 어머니 또한 화를 내고 싶어서 낸 것은 아닐 것입니다. 하루하루 다른 생각이 쌓여서 여기까지 온 것이겠지요.

어떻게 하면 초조하지 않을까

조바심이란 어떤 때 생기는 감정일까요. '마음먹은 대로 상황이 흘러가지 않을 때'입니다. 이 세상은 온통 내가 마음먹은 대로 안 되는 일뿐입니다. 하지만 신기하게도 마음먹은 대로 되지 않는 '게임'이나 '드라마'를 보면서 안절부절못하는 일은 별로 없습니다. 왜일까요?

안절부절못하는 때는 '예상치 못했을 때', '수동적인 경우', '마음먹은 대로 되지 않는 상황이 발생했을 때'라고 할 수 있습니다.

그렇다면 어떻게 하면 조바심이 안 날까요. 아까 말한, 아이에게 화를 내는 어머니를 예로 들어봅시다.

먼저 '예상치 못한 상황'이 발생했을 때입니다.

이에 대한 대책은 간단합니다. 예상하면 됩니다. 아이의 행동은 단순합니다. 매번 같은 행동을 되풀이합니다. 매번 안절부절못하거나 초조해하지 맙시다. 패턴을 인식하고 냉정하게 대처하면 좋겠네요.

다음은 '수동적인 경우'입니다.

하기 싫은데도 어쩔 수 없이 무슨 일이건 해야 한다면 조바심이 나는 게 당연지사입니다. 아예 아이가 다음은 무슨 짓을 할까 기대감을 가지고 능동적으로 관찰하거나 예측해 봅시다. "도대체 뭐하려고 그러는 거야!"가 아닌 "왜 그런 짓을 할까?" 하고 호기심을 가져 봅시다.

같은 "왜(이유)"라도 어떻게 받아들이느냐에 따라 조바심이 분노나 유쾌함으로 바뀝니다. 상대가 나를 불쌍히 여겨 게임할 때와 사랑할 때의 내 감정을 기억해보세요.

다음은 **'마음먹은 대로 되지 않는 상황이 발생'**했을 때입니다.

아이라고 해도 어떤 의미에서는 타인입니다. 하나의 의사를 가진 인간입니다. 원래 내 마음 먹은 대로 하려는 건 '지배'입니다. 그러나 어머니는 자신의 인생보다 자식의 인생을 우선시할 정도로 아이에게 기대를 거는 본능이 강합니다. 그러니 '내 맘대로'라는 의식조차 없이 지배적인 성향으로 변합니다. 그러한 위험성을 모든 어머니가 안고 있습니다.

착한 아이 = 내 맘대로 되는 아이

상사와 부하도 마찬가지입니다. 정치가와 국민, 선생과 학생, 모두 같은 위험성을 품고 있습니다.

"착한 아이구나"라는 말은 '내 맘대로 되는 아이구나'라는 뜻인 경우가 많습니다. 물론 무의식적으로 생각하고 있는 것이죠. 그렇다면 내가 어떻게 하면 좋을까요.

먼저 자신이 상대방을 맘대로 하려고 한다는 사실을 자각하는 것입니다. 그리고 내 마음대로 하려는 생각을 상대를 좀 더 좋은 방향으로 이끌려는 생각으로 전환하는 것이죠. 상대를 위해 그때그때 임기

응변으로 최선책을 찾고 상대를 위해 감정에 지배당하지 않으려고 노력합니다. 상대를 위해 항상 하고 있는 생각의 벽을 허물어버리기도 하고요. 그렇게 하다 보면 결정적인 원인이 점차 제거됩니다. 즉 '독선적인 마음과 실행력'이 약화돼 갑니다.

'마음먹은 대로 하려는 마음'을 인정하고 털어내 버립시다. 그렇게 해서 조금씩 마음대로 되지 않는 이 세상을 즐깁시다. 여유를 만들어 갑시다.

46

하소연하며 문제를 털어버리기

누군가 신경을 건드리는 경우가 있습니다. 누군가에게 하소연하고 싶은 경우도 있습니다. 그럴 때 "신경 쓰인다"라고 조그맣게 소리 내어 말해 봅시다.

신경 쓰이거나 초조한 기색이 가득한데 안 그런 척하는 건 무리지요. 이미 그렇게 된 것은 인정하는 게 상책입니다. 자신에게 거짓말은 못하니까요. 그럴 때 요령은 **'짧게, 상쾌하게'** 인정하는 것입니다. 그렇게 해보면 마음이 시원해집니다. 상대에게 말할 것도 없이 해결됩니다. 자칫 밖으로 꺼내지 않고 마음에 담아두면 신경질이 이글이글 타오르게 되고 안절부절못하게 되어, 결국 하소연이 달라붙어 끈끈하게 되어버립니다.

대개는 힘든 점을 말로 표현하면 일단 기분이 나아집니다. 그래도 개운하지 않으면 그 신경 쓰임이나 하소연의 원인을 찾는 것도 효과적입니다.

벌써 하소연한 후라면 '이미 엎어진 물을 어떻게 처리하느냐'가 중요합니다. 먼저 쏟아낸 푸념을 책상 위에 늘어놓아 봅니다. 종이에 써 보면 더욱 객관적으로 보입니다.

예를 들면 '상사에게 핍박을 받아 신경이 쓰인다'라고 슬쩍 쏟아냈다고 합시다. 입 밖으로 내버린 내용을 써봅시다. 앞에 있는 종이에도 좋고 필기도구가 없으면 휴대전화로 자신에게 메일을 보내도 됩니다. 글을 잘 쓰지 않아도 괜찮습니다. 그저 '상사로부터 압박이 있다'라고 씁니다.

다음은 어떤 점을 압박으로 느끼는지 씁니다. 다음에는 어떻게 하면 이 핍박을 긍정적인 방향으로 바꿀 수 있나를 찾아봅니다. 맞설 만한 대책이나 도망갈 길을 궁리하는 것입니다.

여기서 포인트는 압박받는 점을 가능하면 즐겁게 게임하듯이 쓰는 것입니다.

하소연은 '지금 문제가 있다'라는 경고이기도 합니다. 다시 말하면 문제해결의 찬스라고도 할 수 있습니다. 언뜻 보기에 어찌할 수 없는 어려움도 반드시 비상구는 있습니다. 명언 중에도 '자신이 감당할 수 없는 어려움은 오지 않는다'는 말이 있지요.

어려움을 이겨내면 살아가는 힘이 확실하게 커져 있습니다. 이젠 하소연이 나오면 찬스라고 생각합시다. 하소연은 본심이 밖으로 나온 것입니다. 평소에 몰랐던 본심을 아는 좋은 기회가 온 것입니다.

하소연을 찬스로 바꾸어 가면 언젠가는 하소연 자체가 없어지겠지요. 그것은 마음속의 쓰레기를 정리하는 기술을 몸에 익히는 것과 같습니다.

마치 청소를 좋아하는 깔끔한 사람의 방처럼 말입니다. 방이 항상 깨끗한 사람은 꼼꼼하게 청소를 합니다. 반대로 항상 지저분한 사람은 내버려두고 점점 늘어놓습니다.

또 사실 하소연은 대부분 별로 중요하지 않은 내용입니다. 곤란이라고 말할 가치도 없는, 뭔가 떨떠름한 느낌이랄까요. 구체적으로 뭐라는 건 아니지요. 하지만 막연하게 기분 나쁜 것을 하소연하는 것만으로도 순간적으로 속이 시원해지는 느낌이 듭니다. 하지만 하소연을 아무리 늘어놓아도 시원해지지는 않습니다. 왜일까요?

날마다 새로운 불만이 쌓여서 하소연하게 되니까요.

"이 회사는 예전부터 이러니까 방법이 없어요."

"이 상사는 원래 이런 성격이니까, 참을 수밖에 없다니까요."

"지가 아무리 뛰어봐야 뭐하겠어요. 어차피 월급이 오를 것도 아닌데."

이런 생각을 품고 하소연이라도 늘어놓지 않으면 더 위험합니다. 불만을 밖으로 내보내지 못하고 몸속에 쌓게 됩니다. 느끼지 못하는 사이 괴물로 성장합니다. 그런 의미에서 하소연은 정상이고 소중한 반응이라고 할 수 있습니다.

'무엇이 쌓여 있나'를 알게 해주는 존재입니다.

괴물로 성장하기 전에 토해낸다

교실이나 모임, 취재현장 등에서 많은 사람들의 약한 소리나 하소연을 들어왔습니다. 약한 소리나 하소연은 본심입니다. 아주 알기 쉬운 신호입니다.

예를 들어 샐러리맨이라면 "바쁘다", "의욕이 안 오른다", "일이 좋아지지 않는다", "팀원과 잘 어울리지 못한다" 등등 고민을 여러 종류로 분류할 수 있습니다.

대부분의 사람들이 고민을 막연하게 방치하고 있습니다. 고민이 정리가 안 되었으니까 고민되는 것입니다. 수많은 정보와 심정이 복잡하게 얽혀 있어서 고민되는 것입니다. 그러나 대개는 고민을 안은 채 매일매일 흘러가는 사람이 대부분입니다. 고민이 해결되지 않은 채로 인생이 그냥 흘러가는 것이지요.

그 결과 허무감이나 동기부여 저하가 일어나고 연쇄적으로 마이너스 사고가 일어납니다. 갑자기 문제와 부딪히므로 본인은 놀라고 맙니다만 사실은 조그만 것들이 모여서 괴물로 성장한 것입니다.

제가 3년 정도, NTT에서 영업일을 했을 때 동료가 늘어놓는 하소연이 아주 재미있었습니다. 사람의 하소연 구조에 대하여 흥미를 가지고 심리학, 역사 등 다양한 각도의 책을 훑어 읽었습니다. 하소연이라는 이미지는 좋지 않습니다. '하소연을 늘어놓지 않는 것이 잘하는 것이다'라는 것이 일반상식입니다.

　그러나 마음이 약해져 있는데 하소연해서 토해내지 않으면 어찌될까요? 마음에 쓰레기가 쌓여갑니다. 그렇다면 하소연은 마음에서 나오는 귀중한 신호입니다. 하소연은 해서는 안 되는 것이 아니고, 하소연을 토해내는 방법을 생각해보는 것이 좋겠습니다.

　이렇게 저는 하소연에 대해서 흥미를 가지게 되었습니다. 자신과 다른 사람의 하소연에 흥미를 가지고 직면해온 결과, 하소연과 직면하는 방법, 토해내는 것을 잘하게 되었습니다. 언제부터인가 하소연은 제로에 가까워졌고 웬만한 어려움은 플러스로 변화시키는 기술을 몸에 지니게 되었습니다. 그래서 이 책을 통하여 여러분에게 꼭 전달하고 싶었던 것입니다.

47
자신을 **나무라는 법**

저는 사춘기 때 혼난 적이 자주 있습니다. 물론 누가 봐도 제가 잘못한 경우도 있고 완전히 핑계를 삼는 경우도 있었습니다. 다른 사람에게 혼난 뒤에는 나 자신을 책망했습니다. 그러자 의외로 나 자신을 나무랄 때는 아드레날린인지 모르겠습니다만 쾌감물질 같은 것이 나오는 것 같았습니다. 방어기능인지도 모르겠습니다.

다른 사람이 자신을 나무랄 때는 감정이 뒤틀립니다. 주변에서 다정한 말이나 편들어주는 말 등을 해줘도 도와주는 사람에게도 뭔가 꾸지람을 듣는 듯한 생각이 들어 기껏 베푸는 친절도 받을 수 없게 됩니다. 그리고 주위에 폐를 끼치는 악순환에 빠져 더욱 자신을 나무라는 마이너스 소용돌이에 빠지고 맙니다.

자신을 나무래도 좋다는 법은 없습니다. 반성이란 자신의 언행에 대하여 잘못이나 부족함이 없는지 돌이켜 본다는 뜻입니다. 혼내라는 뜻이 아닙니다. 긍정적으로 개선해 가는 행위입니다.

인간은 살아 있는 한 누구나 실패합니다. '아 그렇게 말하지 말걸', '아이고 또 그랬네', '왜 이렇게 잘 안 되는 거야' 등등 누구나 풀이 죽고, 누구나 후회하며 자신을 나무란 적이 있을 것입니다.

저는 이전부터 **혼내기보다 긍정적인 반성**을 유도하는 제안을 해왔습니다. 감정적으로 나무라서 좋을 게 없습니다. 그것보다는 긍정적으로 대책을 세우는 것이 효과적입니다. 말은 그렇게 해도 자신을 혼낼 때가 있습니다. 그래서 여기서 혼내는 법을 한 가지 조언하겠습니다. 혼낼 때는 잘못한 부분만을 혼냅니다.

학생 중에도 잘못한 행위만을 혼내는 것이 아니고 그 사람의 모든 것을 혼내는 사람이 있습니다. 아이를 혼내 줄 때도 그렇습니다. 그 아이의 인격 자체를 나무라서는 안 됩니다. 규칙을 위반했거나 명확하게 타인에게 폐를 끼친 행위가 있으면 그 행위만을 혼냅니다. 마찬가지로 자신을 나무랄 때도 자신의 과거 성적이라든가 인격, 실력을 나무라는 것이 아니라 행위만을 짧게 나무랍니다. "아, 항상 나는 이래!", "왜 이렇게 바보일까?"가 아니고 "야 너 실언했어" 이런 느낌으로 말입니다.

자학은 자제하라

사람들은 자학하는 말을 할 때 어떠한 심리 상태일까요. "저 진짜로 남자도 아니에요" 이런 말을 할 때 좋게 생각하면 '자신을 낮추는 것으로 상대방에게 안도감을 주려 하고 있다'라고 생각할 수 있습니다. 그러나 사실은 상대방에게 "그렇지 않아요"라는 말을 듣기를 바라고 있거나 처음부터 울타리를 쳐둠으로써 보험에 들어 두는 효과를 노리는 경우도 있겠지요.

'저는 성공합니다' 이런 말을 해주면 나중에 굉장한 부담이 되므로 실패했을 때 도망가기가 어려워지겠지요. '저는 아무것도 못 합니다' 이렇게 말하는 것이 부담도 되지 않고 실패했을 경우 도망갈 길도 있습니다.

자학적인 이야기를 하는 사람은 사실은 인정받고 싶다는 강한 욕구를 가진 게 아닐까요. 당장은 스스로를 안심시키는 역할도 있습니다만 자학은 적당히 해둡시다. 계속하게 되면 의식의 깊은 곳에 자학이 각인됩니다. 처음에는 화젯거리로 시작한 것이 점점 실제로 마이너스가 실현되는 것입니다.

부정적인 이야기, 다섯 번째

좋아! 오늘은 '질투하는 방법'을 연습한다.

혼다! 말해봐!

"제기랄! 절대로 지지 않는다!"

혼다 이제 그 시합은 잊어버려! 엔도! 말해봐!

"원망스러워! 통통통."

엔도 대체 뭘 하고 있는 거야……. 카가와 말해봐!

"부러워요! 아 좋겠다! 햐 좋겠다!"

안 되겠군! 뭔가 안절부절못하네! 나가토모!

"빌어먹을! 우이 씨, 뭔가 파워 받았어. 나가자."

오! 좋아! 질투를 상쾌하게 파워로 변환했군!

좋다! 오늘 연습은 여기까지! 모두들 오늘은 내가 쏜다!

"코, 코치님! 쏘신다니 웬일이세요! 뭔가 냄새가 나는데요."

行動

"할 수 있는 이유를 생각하고 실천을 멈추지 말아요"

48

하고 후회하기보다 **안 해 본 후회**

예전에 미국에서 노인들에게 "인생을 살아오면서 가장 후회되는 일은 무엇이냐?"고 조사한 적이 있습니다. 그 결과 많은 사람들이 의외로 '해버린 것'에 대한 후회가 적었고 대신 '하지 않은 것'에 대해 후회를 했다고 합니다. **사람들은 하고 싶은 일이 있었는데 '하지 않은 것에 대한 후회'를 많이 하는 것 같습니다.**

필시 '이미 해버린 것은 어쩔 수 없어, 이미 해버린 것이니까'라고 생각하는 것 같습니다. 하지만 하지 않은 것은 '놓친 물고기가 더 큰 것'처럼 점점 머릿속에서 매력적이고 좋은 것으로 생각됩니다. 그러니 '무슨 일이 있어도 하고 싶어'라고 머릿속에 맴도는 일은 시작해 봐야 합니다.

하지만 뭔가 하기 전에 동반되는 감정은 '실패하면 어떡하지?'라는 불안입니다. 사실 뭔가 시도하면 실패할 가능성은 있습니다. 그래서 실패가 무서워 도전하는 것을 꺼리게 됩니다. 그러나 실패는 성공의 어머니입니다. 성공하기 위해서 실패는 필수적입니다. 어떻게 하면 적게 실패하는가 그리고 실패를 즐기는가가 성공의 열쇠가 됩니다.

앞에서 노인들에게 조사한 내용에서 알 수 있듯이 아무것도 하지 않으면 '후회'라는 커다란 리스크가 생깁니다. 예를 들어 운동하고 싶다는 생각이 들면 지금 바로 옆에 있는 역기라도 들어보고, 긍정적인 사람이 되고 싶다는 생각이 들면 바로 긍정적인 말을 해보세요.

지금 바로 해버리세요. 해버리는 그 대단함을 체험해 보세요. 오늘 이 책을 읽어버린 당신은 '지금 바로' 왠지 즐거워졌다고 말로 표현해 보세요. 언젠가는 즐거운 것을 해본다가 아니라 '지금' 해야 즐거움이 되고 후회는 줄어듭니다. 자, 지금 할 수 있는 것은 지금 바로 해버립시다.

49

능동적으로 즐겨라

한번 상상을 해보세요. 컵에 물이 들어 있습니다. 싫어하는 사람이
"이 물을 마셔요"라고 말해서 마셨습니다. 컵이 무겁게 느껴집니다.
물은 맛이 없습니다.

짝사랑하는 이성에게서 "같이 마셔요"라는 말을 듣는다면……. 같
은 컵의 물인데도 너무 맛이 다를 겁니다.

사랑하는 이성과 함께 마시는 물이라는 것만으로도 엄청난 가치가
생겼습니다. 그것은 수동과 능동의 차이입니다. 수동적으로 사느냐
능동적으로 사느냐에 따라서 인생은 천국과 지옥이 바뀝니다. 같은
시대, 같은 환경이어도 천국과 지옥이 있습니다. **같은 물이지만 억지
로 물을 마시며 사느냐, 즐겁게 물을 마시며 사느냐에 따라 정반대의
인생을 살게 됩니다.**

세상 일이 다 그렇습니다. 저도 지금까지 수동적으로 살아왔습니
다. 그런데 20대 후반부터 여러 압력과 장애물, 친구의 죽음 등을 겪

으며 결심하게 되었습니다. 능동적으로 살아가자고 말입니다. 그러자 인생이 크게, 정말 크게 달라졌습니다.

예를 들면 제가 좋아하는 스포츠나 놀이는 신나게 즐깁니다. 아침에 못 일어나는 사람도 좋아하는 골프를 치는 날은 눈이 번쩍 떠져서 아침 일찍 일어나버렸다는 이야기도 자주 듣습니다.

그런 차이의 가장 큰 원인은 역시 '능동적이냐, 아니냐'입니다. 즉 자발적, 능동적으로 일할 때 사람은 즐기는 힘이 생기고 에너지가 생깁니다. 반대로 싫어하면서 일을 하면 에너지는 빠지고, 괴로움이 몇 배로 늘어납니다. 예를 들면 등산가는 누가 부탁하지도 않았는데 굳이 험한 산에 도전합니다. 태풍이나 추위조차도 즐깁니다.

능동적으로 하는 기술

공자도 말했습니다. **'매일 즐기는 사람이 가장 강하다.'**

'子日 知之者不如好之者, 好之者 不如樂之者'(〈知好樂〉논어).

'공자의 지호락〈知好樂〉'을 제 방식으로 풀이해보자면 '지식이나 지혜를 많이 가지고 있는 사람보다, 좋아서 뭔가에 빠져서 하고 있는 사람보다, 매일 다양한 것을 즐기는 사람이 대단하다'는 것입니다.

거꾸로 말하면 매일 내 일을 즐기고 있으면 자연히 여러 가지를 배우게 된다는 말입니다. 세상에 얼마나 간단한 말인가요.

그렇다면 매일 놀고 있는 사람이 강한 것일까요? 짧은 기간이라면 괜찮지만 인생은 긴 세월입니다. 매일 놀고만 있는 사람은 사실 중요한 것을 놓치고 있습니다. 돈뿐만 아니라 의욕도 장기간 가질 수 없습니다. 즐긴다는 말은 생각보다 더 기술이 필요합니다.

장기간에 걸쳐서 환경이 변하는 어떤 상황에서도 즐기는 기술이 필요합니다. 그중에서도 특히 중요한 것이 **능동적으로 하는 기술**입니다. 즉 의무감을 가능한 한 제로로 만드는 기술입니다. 능동적으로 행동하는 기술이 있으면 '~해야지 하는 생각', '억지로 하는 느낌'이 하루 종일 거의 없습니다.

아침에 일어나는 것도, 아이 돌보는 것도, 직장 일도, 통근도 능동적으로 하는 것입니다. 의무감에서 하는 것은 없어집니다. 맞아요. 그건 마치 아이들 같은 열정입니다.

아이들을 관찰해 보면 매일매일 정말 즐거운 것 같습니다. 밥을 먹을 때도 세수를 할 때도 화장실에 갈 때조차도 놀이하듯이 합니다. 매 순간을 마음으로부터 즐기고 있습니다. 우리 어른들은 언제부터인가 다양한 일을 즐기지 않게 되었지요. '시켜서 억지로 하는 느낌'이 늘어나고 하루하루 즐기는 힘이 쇠퇴해 갑니다.

그렇지만 그건 단순한 착각이라고 저는 생각합니다. 어떤 사람이라도 생각을 바꾸면 확실히 즐기는 힘은 늘어납니다. 직업과 연령에 관계없이 매일이 즐거워 죽겠다는 사람이 실제로 많습니다. 그런 사람은 절대로 특수한 사람이 아닙니다.

50
일단 **한 발**을 내디뎌라

　제가 마음으로부터 존경하는 친구 메리 씨는 홍콩에서 갤러리를 성공시킨 후 에도시대에 성행한 유녀나 연극을 다룬 풍속화 '우키요에'를 세계에 알리고 여러 가지 아트 프로젝트를 조직하는 행복한 기운이 넘치는 여성입니다.

　같이 있던 그림 그리는 친구가 메리 씨에게 물었습니다. 화가로서 성공하는 데 노력이라든가 재능이라든가 그런 것들이 어떤 관계가 있습니까? 메리 씨는 그저 '하라(just do it)'라고 답했습니다. 노력해야 된다든가 안 해도 된다든가, 재능이 있는지 없는지, 그런 걸 생각할 시간이 있거든 한발 한발 앞으로 발을 내딛는 일을 계속하라고, 그것밖에 없다고 말했습니다. **성공할 때까지 걸으면 된다고 말이죠. 많은 사람들이 할 수 없는 이유를 여러 가지 생각해내고는 걸음을 멈춥니다.** 옆에서 들으니 굉장히 공감 가는 말이었습니다.

　저도 서예교실의 학생들에게 자주 하는 말이 있습니다.

"계속 생각만 하고 있어 봐야 발상은 떠오르지 않습니다. 일단 무엇이든 좋으니까 선 하나라도 그어보는 것이 중요합니다. 두 번째 선을 그으면 또 여러 가지 가능성이 열립니다. 이것은 인생에서도 마찬가지입니다. 집 안에서 계속 생각만 한다고 밥이 나오지 않습니다. 먼저 한 발 내밀어 보세요. 만약 잘 안 되면 다른 발로 바꾸어 보세요. 그렇게 해서 인생은 열리는 것입니다."

흔히 노하우 책이나 자기계발서를 읽어도 효과가 없다고 말하는 사람이 있습니다. 정말 위험한 일은 읽어서 아는 것 같은 착각에 빠지는 일입니다. 실천하지 않으면 효과는 없습니다. 실천하지 않으면 읽은 것이 아닙니다. 저는 그러한 책들을 읽으면 만약 공감하지 않더라도 가능하면 실천합니다. '화장실을 청소해 보자'라고 적혀 있으면 바로 화장실 청소를 합니다. 실천을 계속하면 효과가 나타납니다. '종이에 써보자'라고 적혀 있으면 바로 써봅니다. 자신이 좋다고 생각한 것을 계속 해 보는 것입니다. 습관으로 만들고 책을 삼키듯이 하는 것이 아주 중요합니다. 삼킨 후에는 나름대로 창의롭게 공부하면 됩니다.

용기가 없어서 그 한 발을 내디딜 수가 없다는 사람이 있습니다. 저는 반대입니다. 용기가 없으니까 한 발을 내디뎌 본다는 것입니다. 한 발을 내디딜 수 없는 무서움을 알고 있으니까요.

같은 장소에 머물러 있는 것이 무서운 줄 아니까 한 발을 내디디는

겁니다. 그것도 리스크가 높은 한 발을 내디디는 것이 아닙니다. 가볍
게 할 수 있는 작은, 아주 작은 한 발을 몇 번이고 몇 백 번이고 내디
디는 것입니다.

51
지금 있는 것을 **버려라**

새로운 길로 가지 못하는 사람들이 많이 있습니다. 가장 큰 이유가 지금 잡고 있는 손을 놓지 않기 때문입니다. **손을 놓으면 다음 길이 열립니다.**

'새로운 애인이 생길 때까지 이 사람이라도 계속 만나야겠어.'

'회사에서 조만간 독립할 거야.'

몇 년째 같은 말을 하면서도 실행할 기미는 보이지 않습니다. 주변에 이런 사람들이 많이 있지요. 그럼 어떻게 하면 될까요? 지금은 앞으로 나아갈 힘이 없어도 움켜쥔 현재에서 손을 떼보는 겁니다. 그저 손을 놓았을 뿐인데 새로운 바람이 불어옵니다. 지금의 상황에 주저앉은 채로 새로운 길을 찾아봐도 강한 추진력은 생기지 않습니다. 그것은 액셀러레이터와 브레이크를 동시에 밟고 있는 꼴입니다.

"전진한다!"라고 다짐하기보다 만족스럽지 않은 지금의 것을 놓읍시다. 그리고 행동을 다잡읍시다. 여백을 남기지 않으면 다음에 손쓸 만한 공간이 없습니다. 여백이 클수록 에너지가 생겨납니다.

얼마 전에 대담했던 배우 무로 츠요시(배우) 씨는 무슨 일이 있어도 배우가 되겠다는 결심을 하고 대학을 중퇴했습니다. 주위에서는 "대학에 다니면서도 배우를 할 수 있잖아"라며 말렸지만 그는 퇴로를 잘 랐습니다. 이후 7년 동안 뜻한 대로 일이 풀리지 않아 고생했습니다. 하지만 노력을 거듭한 결과 지금은 서로 모셔가려고 합니다.

새로운 길로 전진할 수 없는 것은 지금 일에서 손을 놓지 못해서입니다. 잡고 있던 손을 놓으면 새로운 길로 갈 수 있습니다. 그런 이야기를 하면 이런 목소리가 반드시 들려옵니다.

"저에게는 그런 용기가 없습니다."

저 역시도 무서움을 잘 타는 성격이라 그 심정을 잘 압니다. 회사를 그만둔다거나 이혼한다거나 하는 특별히 커다란 일뿐만 아니라 조그만 일도 좋습니다. 예를 들면 '다이어트 해야지' 하는 생각을 버립니다. 무거운 부담을 내려놓으면 어쩌면 더 날씬하게 될지도 모릅니다.

이렇게 버린다는 것은 다양합니다. 즉 버린다는 것은 고집해 왔던 사소한 것, 어느새 습관이 되었던 것을 그만둔다는 의미입니다. 특별히 용기를 낼 필요는 없습니다. 일단 버리는 것에 익숙해지기 위해서도 용기를 내지 않고도 할 수 있는 조그만 것부터 버려보시기 바랍니다.

52

조금씩 **개선**하라

안정된 성공을 손에 넣는 가장 좋은 방법은 '하루하루 조금씩 삶을 개선하는 것'입니다. 왜냐하면 하루하루 1%라도 개선하면 1년 후에는 꽤 성장해 있습니다. 10일이면 10%가 됩니다. 100일이 지나면 100%, 천 일이 지나면 1,000%. 즉 하루 1%가 개신된다면 3년이면 약 1천 배로 성장합니다. 이것이 하루 개선의 무서운 점입니다. 매일 아주 조금씩 삶을 개선하는 것이 최고입니다.

또 문제 해결에도 절대적인 효과를 발휘합니다. 살아가다보면 여러 가지 문제가 생기게 마련입니다. 콧잔등에 여드름이 생기기도 하고, 컵을 깨는 것과 같은 조그만 문제부터 경우에 따라서는 큰 문제가 되는 병이나 사고, 사회적인 이슈에 이르기까지 여러 문제가 생기는 것이 인생입니다.

문제가 있다는 것은 고민한다는 뜻이라고 생각합니다. 모든 문제에 즉시 대답할 수 있는 사람은 신밖에 없을 것입니다. 아, 신은 문제를 만드는 쪽이었지요.

그러니까 고민해도 좋고, 불만이 있어도 좋고, 불안과 걱정 다 있어도 좋으니까 움직여야 합니다. 각각의 문제에 대해서 뭔가 행동할 수밖에 없는 것입니다. 예를 들어 **움직여서 실패한다고 해도 역시 움직여야 합니다. 할 수 있는 것부터 움직여야 합니다.**

가능하면 힘을 빼고 내딛습니다.

긴장을 풀고, 심호흡을 하고 작은 한 발을 내딛습니다.

서예도 그렇습니다. 서예라고 하면 철저하게 정신을 집중해서 먹을 갈고 엄숙한 마음으로 해야 하는 것이라고 생각하시는 분들도 많겠지요. 물론 이러한 마음자세로 서예에 임하는 것도 좋지만 매일 그렇게 하면 계속할 수 없습니다.

일단 가볍게 해봅니다. 가볍게 시작할 수 있는 환경을 만듭니다. 그러면 매일 계속 할 가능성이 높아집니다. 무엇보다도 시작한다는 것이 중요하니까요. 다이어트나 공부, 청소조차도 시작할 때까지 시간이 걸리지요. 그렇지만 시작하게 되면 어느새 빠져들게 됩니다. 일단 해보면 그 다음 단계가 보입니다. 그리고 어느새 집중하게 됩니다. 나머지는 습관의 힘으로 계속 합니다. 작은 한 발자국의 위력이 조금이라도 전해진다면 기쁘겠습니다.

53
하고 싶은 것을 하라

좋아하는 일을 자유롭게 하고, 모두에게 존경받고, 사회에도 공헌하고 싶다.

대부분의 사람들이 처음에는 이렇게 사는 걸 꿈꾸지요. 그러나 점차 '하고 싶은 일을 하는 것은 너무 이기적인 게 아닐까'라며 움츠러들기 십상입니다.

하지만 좋아하는 일을 한다는 건 이기적인 게 아닙니다. 좋아하는 일, 하고 싶은 일을 적절한 타이밍이나 다양한 방법으로 하는 것은 이기적이라고 할 수 없습니다. 왜냐하면 '이기적'이란 다른 사람에게 폐를 끼치고 있는 경우에 사용하는 말이기 때문입니다. 오히려 하고 싶은 일, 좋아하는 일이 있을 때 그것을 실현시켜 줄 여러 가지 길을 찾아 나서는 게 좋습니다. 때로는 멀리 돌아가기도 하고 중간에 지치는 일도 있겠지요. 내가 하고 싶은 일이라고 친구나 주위 사람들의 일을 생각하지 않고 밀어붙이기도 합니다. '아, 이렇게 무리해서는 안 되는 일인데'라고 후회하거나 포기하기도 합니다. 한두 걸음 남았을 뿐인데 다시 앞으로 나서지 않으면서 하고 싶은 일이 없다거나 꿈은 이루어지지 않는다고 말합니다. 하고 싶은 일을 하면서 사회에 공헌할 수 있는 사람이 되기 위해서는 하고 싶은 일과 다른 사람이 필요로 하는 일 사이의 공통점을 발견해야 합니다.

그 접점을 찾는 것이 힘드니까 곤란하다는 말도 들립니다. 이전에 서예교실에서 이런 일이 있었습니다.

어느 십 대 학생의 고민을 듣고 어떤 이십 대 학생이 말했습니다.

'아직 젊으니까 하고 싶은 일을 하는 것이 좋다.'

어느 이십 대의 고민에 삼십 대도 같은 말을 했습니다. 마찬가지로 삼십 대에게 사십 대가, 또 사십 대에게 오십 대가 같은 말을 합니다. 세상에 백 세를 넘은 세이로카 국제병원의 히노하라 시게아키 선생님은 70세 이상의 사람들에게 똑같은 말을 열심히 전하고 있습니다.

하고 싶지 않은 일은 하지 말라

"하고 싶은 일을 하라"는 어느 시대에나 어느 연령에게나 통하는 말입니다. 너무나 매력적인 말입니다만 모두가 하고 싶은 일을 하지 못하니까 더욱 매력적으로 느껴지는 것입니다. 왜 하고 싶은 일을 하지 못하는 것일까요. 저는 크게 나누어서 세 가지로 생각합니다.

- 하고 싶은 일을 찾지 못한다.
  - ㄴ, 남의 눈을 너무 의식한 나머지 본심을 억제한 결과 그렇게 되는 경우가 많습니다.
- 하고 싶은 일이 있는데 한 발 내디딜 용기가 없다.
  - ㄴ, 자신이 없거나 각오를 하지 않았거나 할 수 없는 이유만 머릿속을 떠다니기 때문입니다.
- 하고 싶은 일 따위는 생각할 여유도 없다.
  - ㄴ, 눈앞에 닥친 어려움 탓에 또는 정신적으로 지쳐 있는 상태일 경우가 많습니다.

그럼 하고 싶은 일을 할 수 있는 사람이란 어떤 사람일까요? **하고 싶은 일을 하고 있는 사람 = 하고 싶지 않은 일을 하지 않는 사람.** 바꿔 말해서 하고 싶은 일을 하지 않는 사람은, 하고 싶지 않은 일을 하는 사람이란 가설이 성립됩니다. 왜 많은 사람들이 하고 싶지 않은 일을 하고 있는 것일까요. 하고 싶지 않은데 해버린 사람은 사실 하지 않으면 안 되었던 일을 한 것일까요. 다른 방법은 없는 것일까요. 이상한 상식이나 착각 또는 불안감에 지배당하고 있는지 다시 한번 확인해보는 것이 좋습니다. 그러기 위해서 **당신이 하고 싶지 않는 일을 노트에 전부 적어 보기를 권합니다.** 조그만 일도 커다란 일도 전부 말입니다.

　적어보면 하고 싶은 일이 보일 것입니다. 그리고 하고 싶지 않은 일을 확 줄여 버립시다.

54
이상형이 되어 보자

가끔 블로그나 트위터에서 '어떻게 하면 행복해질 수 있을까요?'라든가 '어떻게 하면 긍정적으로 될까요?'라는 질문을 받습니다.

어떻게 하면 그렇게 되냐고 묻지 말고, **내가 지금 완전히 그렇게 되었다고 가정하고 살아보세요**. 자신이 원하는 긍정적인 성격으로 되었다고 생각하고 아침에 일어나 즐겁게 식사도 하고 좋아하는 사람들과 만나면 됩니다. 잘 못해도 좋으니까 하여간 긍정적으로 잘되었다 생각하고 사는 겁니다. 긍정적인 말을 사용하고 긍정적인 자세를 취하고 긍정적인 표정을 짓는 것입니다. 이렇게 하는 것만으로도 정말 긍정적이라는 단어가 구체적으로 각인되어 갑니다.

예를 들면 저는 직업상 카리스마 있는 소설가나 만화가 선생님들과 만나곤 합니다. 어떻게 몇십만 명, 몇백만 명의 사람을 매혹시키는 이야기를 만들 수 있는지 물어보면 열쇠는 등장인물의 캐릭터 설정이라고 합니다.

인기 있는 만화나 소설에 나오는 매력적인 캐릭터에 사람들은 빨려들어 갑니다. 다양한 캐릭터를 만들 수 있다는 것은 그만큼 다양한 사람들의 마음을 안다는 것입니다. 여기서 한 가지 의문이 생깁니다. 여러 가지 캐릭터를 만들거나 다양한 사람들의 입장에 설수 있는 것은 만화가나 소설가만의 특징일까요? 아닙니다. 누구라도 다양한 캐릭터를 만들 수 있습니다. 기가 세지만 유령이 싫은 캐릭터, 내성적이지만 위기가 닥쳤을 때 힘을 발휘하는 캐릭터, 굉장히 다정하면서 잔소리 많은 캐릭터…… 등등.

이상적인 자신의 모습이 되어

누구든 가지고 있는, 이 캐릭터를 만드는 힘을 일상생활에 활용할수 없을까요? 제가 실천하면서 엄청나게 도움 받은 것을 가르쳐 드리겠습니다. 그것은 살아가면서 막다른 벽에 부딪혔을 때 커다란 위기에 직면했을 때 도움이 됩니다.

존경하는 사람이 되어 본다.

위기가 닥쳤을 때 '만약 내가 신이었다면', '만약 내가 베키(탈렌트)였다면', '내가 만약 도코로 조지(영화배우) 씨였다면'처럼 내가 다른 사람이었다면 문제를 어떻게 해결했을까 하고 생각해봅니다. 그렇게 해보면서 저는 상당히 여러 가지 문제를 해결했습니다.

커다란 어려움을 만났을 때나 조그마한 문제에 부딪혔을 때나 **저는 만약 이상적인 나였다면 하고 자주 생각합니다.** 만약 내가 대단한 사람이 되었다면 어떻게 생각할까? 예를 들면 몸 컨디션이 안 좋을 때 '건강한 나였다면 어떨까?'라고 생각해보는 것이지요. 이상적인 나라면 분명히 지금 내 상태를 부드럽게 받아들이고 이미지를 긍정적으로 그린 후, 행동을 개선할 것이라고 생각하고 행동합니다. 이렇게 하면 지금까지의 나라면 절대 넘어갈 수 없던 어려움도 어떻게든 극복해내게 됩니다. 실제로도 여러 번 경험했습니다.

이전에 프로야구 시구식을 한 적이 있었습니다. 2만 명에 가까운 관중의 주목을 받으면서 신성한 라운드에서 단 한 개의 공을 던져야 했습니다. 보통 때라면 긴장해서 팔에 힘이 들어갔겠지만 나 자신을 이상적이라고 생각한 덕분에 관객의 분위기도 맞춰줄 수 있었고, 여유도 생겨서 상상 이상의 멋진 공을 던질 수가 있었습니다. 야구장 관중들이 열광하고 흥분한 것은 물론, 야구관계자 분들도 흥분하면서 그 감동을 전해줬습니다. 유명한 야구 스타 왕정치 씨까지 대기실로 찾아와서 칭찬해 주었습니다. 야구 왕초보자가 많은 사람들에게 감동을 전하는 일에 성공한 것입니다. 그 정도로 이상적인 자신으로 변신을 강력히 추천합니다.

55
모방하며 따라해 본다

우리 현대인은 끼니를 굶거나 옷을 입지 못하거나 집이 없어질 일이 거의 없습니다. 하루하루 일을 하며 가끔은 여유를 즐기기도 하고 그다지 힘들지 않게 어려움을 참을 수도 있습니다. 그러나 이유나 정체를 알 수 없는 불안감에 시달리거나 살아 있다는 느낌이나 충실감을 느끼지 못하기도 합니다. 나에게는 좀 더 다른 좋은 장소가 있는 게 아닐까. **난 이대로 살아도 좋은가.** 많은 사람들이 이런 생각을 가지고 있습니다.

그럴 때는 제일선에서 활약하고 있는 사람이 이렇게 하면 된다고 충고해도 나와는 다른 세계에 사는 사람이 하는 말일뿐이라고 생각하고 맙니다. 반대로 사회적으로 활약하지 않는 사람에게는 아무리 좋은 말을 해도 설득력이 없다는 현실도 있습니다. 누군가가 자신을 변화시켜 줄 것을 바라지만 누군가에 의해서 변하는 건 싫다는 모순에 빠져 있습니다. 과연 어떻게 하면 좋을까요. 어떻게 하면 빛이 비칠까요.

한 가지 제안을 하자면 성공한 사람의 말에 솔직히 귀를 기울여 보는 것입니다. 서예로 말하자면 견본이 되는 **〈선생님의 작품이나 고전〉**을 잘 보는 것입니다.

성공한 사람의 말 뒷면에는 여러 가지 실패나 부정적인 일, 난관, 어려움이 많이 있습니다. 성공한 부분만을 보지 말고 어떻게 난관을 극복하였는지 어떤 각오가 성공을 이끌어내는지 다양한 각도에서 보시기 바랍니다. 서예와 마찬가지로 견본을 모방하는 힘은 대단히 중요하다고 생각합니다. 가능하면 여러 사람을 알아보고 반드시 존경하는 사람을 찾아서 여러 가지 상황에서 변신하고 모방해 보시기 바랍니다.

보기만 하지 말고 따라해 보자

장기 기사인 하부 요시하루 씨가 한 말이 있습니다.

"대부분이 이론대로입니다. 99%는 법칙대로 하고 1%는 나 자신의 아이디어나 개성을 살립니다."

또 유니클로의 야나기 다다시 사장님이 한 말이 있습니다.

"피터 드러커가 제 기초입니다."

여러 분야에서 흉내를 낸다는 사실은 상당히 중요합니다. 그러나 살아가는 법에 대해서는 흉내를 내는 사람이 적은 것은 왜일까요. 저는 살아가는 기술이나 살아가는 지혜, 살아가기 위한 지식을 위대한 인물에게 배워야 한다고 생각합니다. 서예도 인생도 법칙이 있습니다. 그 법칙을 기초로 하지 않고 사는 것은 깜깜한 숲속을 불빛이나 도구도 없이 헤매는 것과 같습니다.

모방하는 일에도 요령이 있습니다. 저는 길에서 개성 있는 붓글씨를 발견하면 그냥 보기만 하지 않고 자세히 응시해 봅니다. 그리고 보기만 하지 않고 손가락으로 따라 써봅니다. 붓글씨를 따라하면 그냥 보는 때와는 전혀 다르게 저의 뇌 속에 각인됩니다. 다시 말하면 '본다[見]'와 '본다[觀]'와 '따라한다'는 엄청난 차이가 있습니다.

이것은 인생에 있어서도 응용할 수 있는 기본기입니다. 잘 나가는 사람은 그냥 멍하니 보는 것이 아니라 확실하게 봅니다. 그래서 보는 것만이 아니고 실제로 **따라해 본다는 것입니다.**

이렇게 모방함으로써 더욱 확실하게 디테일한 부분까지 잘 볼 수가 있고 자연히 자신에게 맞는 방법으로 표현할 수 있습니다. 따라해 보는 것이 피가 되고 살이 되는 것입니다. 그것이 새로운 자신으로 태어나는 방법입니다. 입력하는 방법도 바꿔 봅시다. 예를 들면 책을 그냥 읽는 것으로는 부족합니다. 실제로 배운 것을 전하고 실천했을 때 당신의 피가 되고 살이 됩니다.

56
소중히 하라

일이나 인간관계가 잘되지 않을 때 뭘 해야 할까요? 왠지 몰라도 가장 가까운 가족을 소중하게 대하면 신기하게도 일이나 인간관계가 잘 풀리는 현상이 일어납니다.

예로부터 부모님께 잘하라고 《논어》에도 나와 있습니다만 그것은 사회규범이라는 의미뿐만 아니라 더 깊은 의미가 있습니다. 일이나 인간관계가 잘 안될 때는 '직업뇌'로 문제를 해결하려고 합니다. 일하는 뇌로 해결되지 않을 때는 '가족뇌'로 가족과의 관계를 개선하는 것이 문제해결의 실마리가 되는 것입니다.

바깥에서 문제가 생겼는데 왜 내부에서 실마리를 찾을까요? 가까운 문제부터 처리함으로써 마음의 정리가 가능하니까 그렇습니다. 마음이 홀가분해지면서 바깥 문제 정리도 다른 각도에서 자연스럽게 시도하는 경우가 많으니까요. 바깥에서 잘 안될 때는 안으로 눈을 돌려보세요.

예를 들면 저도 최근에 왠지 일이 잘 안 풀린다고 느껴질 때 내부 대책을 실천해 보았습니다. 먼저 와이프에 대한 대책입니다. 대개 일이 잘 안 풀릴 때란 아내와의 관계가 삐걱거리는 시기입니다.

그래서 저는 일 나가기 전에 아내에게 마사지를 해주었습니다. 충분한 시간을 들여서 말입니다. 그 결과 아내의 기분이 최고로 좋아졌을 뿐만 아니라 기분이 불안정했던 아이들까지 안정됐습니다. 더욱이 신기한 것은 일도 거짓말처럼 잘 풀려나갔습니다.

그러니 일에 문제가 있고 왠지 잘 안 풀린다는 생각이 들면 가정에 눈을 돌려보세요.

이런 이야기를 하면 "혼자 사는 사람은 어떻게 하면 좋으냐?"는 질문을 받습니다. 가정이 아니라도 친구나 연인, 친척이라도 좋습니다. 어딘가 관계가 불안정한 부분이 있을 겁니다. 그 빈틈을 수정하는 것만으로도 일에 대한 좋은 영향을 가져 올 것입니다. **내부 정리가 잘되면 바깥 정리**도 잘됩니다.

부정적인 이야기, 여섯 번째

오늘부터 너희들 담임이 된 이카리야 선생님이다!

갑자기 화가 난다! 알았나! 후네!

요즘 인사를 우습게 보는 녀석이 많아!

인사의 위력이 얼마나 큰지 모르나!

상쾌한 인사는 가장 쉬운 사회공헌이다!

게다가 사회공헌도도 높아. 에펠탑보다 높아. 에베레스트 산보다 높다.

인사의 스킬은 연습한 만큼 올라간다!

인사 스킬을 높인 만큼 사회공헌도도 올라간다!

좋아, 오늘 수업은 먼저, 물론 인사하기부터다!

"이카리야 선생님! 선생님이야말로 지금 인사도 없이 화내고 있는데요!"

ヴィジョン

"미래의 긍정적인 자신을 하루에 1시간씩 상상해봅시다"

57
상상의 힘으로 즐거운 생활을

의외로 우리는 '욕구'라는 것에 대하여 심각하게 생각하지 않습니다.

예를 들면 부자가 되고 싶다는 사람에게 이상적인 수입이 얼마냐고 물어보면 바로 답하는 사람은 거의 없습니다. 부자라고 해도 여러 부류입니다. 연봉은 얼마이고, 자산은 얼마며, 기부액은 얼마고, 어떤 생활 스타일로 살며, 어떤 기분으로 하루하루 돈과 마주하나 등등 정말 다양합니다.

그런데도 부자가 되고 싶다고 말하면서 부자의 면면을 상상도 하지 않고 노력도 하지 않습니다. 진정 부자가 되고 싶다면 일단 이미지부터 정리하세요. 하루에 1시간만 이라도 하면 상당히 좁혀질 것입니다.

미래의 자신을 이미지로 그려보는 시간을 갖는 것이 어떨까요? 하루에 한 번 정도 이상적인 미래를 상상하고 비전을 명확하게 그려보는 것이죠. 요령은 어떤 방법으로 어느 정도나 주위 사람들에게 공헌하는지를 상상하는 것입니다. 부자가 되고 싶다고 강력하게 원한다면 '부자가 되어서 이 정도의 사람들이 이렇게 좋아하고 더군다나……' 이런 식으로 그려봅니다.

상상의 효과는 절대적입니다. 평범한 우리들은 어떤 상상을 하면서 생활하고 있을까요? '아, 오늘도 회사 가야 되나'라든지 '뭐 재밌는 거 없나' 이런 생각을 하고 있으면 상상은 그대로 현실이 됩니다. 다시 말해서 하루하루 무엇을 상상하는가에 따라서 나의 생활이 정해집니다.

졸리는데 자지 못하는 이유

저는 업무를 시작하기 전에 심호흡을 하며 반드시 이미지를 그려봅니다. 심호흡을 하면서 저와 관계되는 사람이 행복해지는 모습을 그려봅니다. 업무를 마무리하고 기뻐하는 자신을 그려보기도 합니다. 같이 일하는 동료의 웃는 얼굴이나 일이 잘되는 모습을 몇 번이고 상상합니다. 상상하는 것뿐만 아니라 말로 입 밖에 내어 미래의 비전을 표현합니다.

예를 들면 지금까지 책을 20권 이상 출간했지만 매번 담당자에게 이번 책은 우리 사회를 이러이러한 방향으로 나아가게 만들고 싶다는 커다란 비전을 전달하고 공유해 왔습니다. 그리고 관계되는 모두의 행복을 상상합니다. 업무를 시작하기 전에 잠깐 상상하는 것만으로도 그 시간이 전혀 다르게 바뀝니다.

다음은 많은 사람들이 체험하는 일입니다.

- 자야 하는데 잠이 안 온다.
- 자서는 안 되는데 잠이 쏟아진다.

이 두 가지 현상은 잘 생각해보면 신기합니다. 왜냐하면 자기 자신의 일인데도 몸과 마음이 따로따로인 것처럼 보입니다. 자라고 강하게 마음먹으면 먹을수록 눈이 말똥말똥해집니다. '자지 마!'를 강하게 생각하면 할수록 눈꺼풀이 무거워집니다. 왜 그럴까요.

사실은 이러한 현상은 일상다반사입니다. 마르고 싶은데 살이 찐다. 의욕을 높이고 싶은데 떨어진다. 사이좋게 지내고 싶은데 관계가 나빠진다. 꿈을 이루고 싶은데 꿈이 멀어진다 등 다양합니다.

상상력으로 병도 치료한다고?

왜 몸과 마음이 싸움을 하게 되었을까요. 왜 생각한 것과 몸을 쓰는 것이 반대로 되었던 것일까요. 이유는 간단합니다. **'의지의 힘보다 상상력이 더 크기 때문'**입니다.

예를 들면 의지의 힘을 사용해서 땀을 내는 것은 거의 불가능합니다. 그렇지만 잘못하는 일이나 트라우마를 상상하는 것만으로도 땀이 날 수도 있습니다.

말하자면 잠재의식(상상)이 현재의식(의지)보다 강한 상태입니다. 예를 들면 '자면 안 돼'라며 의지를 강하게 가질수록 잠잘 때의 그 기분 좋은 느낌을 상상하게 되어 더욱 더 졸립니다.

반대로 잠이 안 올 때는 잘 수 있다고 되뇌기보다는 쿨쿨 자고 있는 기분 좋은 상황을 상상합니다. '아 지금이라도 잘 것 같아! 안 돼, 자면 안 돼! 그런 기분 좋은 거 하면 안 돼~. 아 잘 거야!' 이렇게 되는 겁니다. 이전에 쉽게 잠들지 못하는 버릇이 있던 저는 이 방법으로 바로 잠을 잘 수 있었습니다.

덧붙이자면 이 책의 담당자는 몸 컨디션이 안 좋을 때면 자기 전에 건강한 자신을 강하게 상상하고 잠든답니다. 그러면 다음날 아침 거의 회복된다고 합니다. 제 사무실 직원도 심한 수족냉증이 있었는데 따끈따끈하게 데워지는 자신을 상상하다보니 완화되었다고 합니다.

58

관심의 힘

"바나나를 상상하지 말아주세요."

이런 말을 듣고 바나나를 상상하지 않기란 쉽지 않습니다. 더구나 이런 말을 들을수록 명확하게 바나나를 상상하고 맙니다.

'불안을 없애버립시다', '몸 컨디션을 치료합시다'와 같은 말을 들으면 불안이 더 심해지고 몸 상태가 안 좋게 여겨지는 것입니다. 그것은 상상해 버리니까 그렇습니다.

또한 부정적인 의식은 더욱 커지고 맙니다. 불안을 의식하는 자신을 발견하면 전혀 다른 것을 생각하도록 노력합니다. 자신이 좋아하는 것이나 가슴이 설레는 쪽으로 의식을 돌려놓습니다.

저는 불안 쪽으로 의식이 향하고 있는 것을 알게 되면 먹을 가는 장면을 떠올리고 집중합니다. 그리고 아이들의 웃는 얼굴이나 좋아하는 음식, 소원, 조금 야한 놀이에 의식이 향하도록 훈련합니다.

그러고 보니 마른 사람은 다이어트나 칼로리 이야기를 하지 않고 건강한 사람은 체질 이야기를 별로 하지 않습니다. 이처럼 관심을 가지면 커지는 법칙이 있습니다. 그러니까 불안을 없애려고 하지 않는 것입니다. 건강이 안 좋다는 의식 자체를 하지 않는 것입니다. 안심이나 건강 문제에 너무 관심을 가지면 오히려 그쪽이 부풀어 오르니까요.

테레사 수녀가 말했다고 합니다.

"전쟁 반대 운동에는 참가하지 않겠습니다. 그러나 평화 운동에는 참가하겠습니다."

관심이 어디로 향하는지 알고 있었던 것이죠. 그녀의 또 다른 유명한 말로는 **"사랑한다의 반대는 미워한다가 아니라 무관심입니다"**라는 것이 있습니다. 일도 마찬가지입니다. 일 때문에 쫓겨서 지금 눈앞에 있는 소중한 사람이나 다른 일을 소홀하게 된다면 그 일의 환경을 상당히 심각하게 생각해 보고 고쳐야 합니다.

성공이 가장 중요한 목적이 되어 있는가

저와 함께 일을 하고 있는 분이 재미있는 이야기를 들려주었습니다. 어느 저명한 학자가 세계적인 수준의 상을 수상하였습니다. 그는 사회에서 칭찬을 한 몸에 받았습니다. 그러나 가족은 전혀 기뻐하지 않았습니다. 그때까지 그 학자는 연구에만 몰두하느라 가족과는 전혀 마주하지 않았던 것입니다.

사회적인 성공은 확실히 훌륭한 것입니다. 그만큼 나에게 가치를 부여했다는 것이 되니까요. 충분히 보상을 받아 마땅합니다. 다만 오직 성공만이 목적이 되어서는 안 됩니다. 가까운 곳에 있는 소중한 사람들과 마주하지 않거나 매일매일 초조해하면서까지 무언가를 해야 한다고는 생각하지 않습니다. 중요한 것은 매일매일 마음으로 대하는 사람들과 정을 교환하는 것입니다. 그것을 제쳐두고까지 사회적 성공에 매달리는 사람이 만약 이 책을 읽고 있다면 여기서 다시 한번 생각해 보았으면 합니다.

마누라는 남편의 출세에 무관심하다?

서예교실이나 강연회, 블로그 고민 상담에서 많은 주부의 소리를 듣고 알게 됐습니다. 대부분의 부인들은 남편 출세에 대하여 생각만큼 가치를 느끼지 않는다는 것입니다. 이것은 남성에게는 충격적인 사실입니다. 노력해서 아무리 사회적인 지위를 얻었다고 해도 가장 가까이 있는 부인에게 평가를 못 받는 것입니다. 아무리 출세를 해도 가정에 관심을 안 가진다면 출세 같은 거 필요 없다고 생각하는 부인이 많습니다. 옛날에는 남자가 죽기를 각오하며 일하고 여자는 가정을 필사적으로 지키는 게 상식이었습니다. 그러나 지금 부인은 지위보다 가정을 제대로 생각해 주는 남편을 원합니다.

잘 생각해보면 당연한 일이지요. 아무리 남편이 출세한다고 해도 가정은 실제의 생활입니다. 그 생활에 관심이 없고 일에만 정신을 쏟는다면 아무리 지위가 높아도 몹쓸 남편 딱지가 붙는 것입니다. 지금도 남성은 열심히 일해서 지위나 명예, 수입이 늘어나면 와이프가 기뻐할 것이라 생각하는 사람이 많은 것 같습니다. 하지만 **부인이 가장 행복을 느끼는 건 가족에 대한 관심**입니다.

응원해주는 사람을 위해 열심히 한다

그러면 반대로 가족이 남편의 출세에 관심을 가지도록 하기 위해서는 어떻게 하면 좋을까요. 저는 이렇게 생각합니다. 가정에 관심을 가진 남편의 부인은 남편의 일을 마음으로부터 응원하게 됩니다. 그리고 남편의 사회적 성공을 응원하고 싶어집니다.

가족이 응원하는 남편은 강합니다. 가족의 응원을 받은 남편은 어떤 비바람에도 견디는 힘을 몸에 지니고 있는 것과 같습니다. 인간은 응원을 보내면 응원해주는 사람을 위해 힘내서 열심히 합니다.

결국 가정을 소중히 지키는 것은 제일 첫 번째 조건입니다. 그 조건을 갖추면 남편의 사회적 성공욕구에 대해 가족은 응원할 것입니다. '매슬로'의 계단욕구설과 마찬가지로 아내의 욕구에도 단계가 있는 게 아닌가 싶습니다. 그러니까 뿌리인 가정을 소중히 하지 않으면 열심히 해서 꽃을 피워도 금방 시들어버릴 것입니다.

반대로 뿌리를 잘 지키면 눈바람과 태풍에도 끄떡없는 훌륭한 꽃이 핍니다. 피어난 꽃이 사람을 매혹하게 할 만큼 화려하지 않아도 그 꽃은 가족에게 있어서 가장 아름답습니다. 그리고 그것은 진정한 강인함을 가지고 있습니다. 저도 가족에게 마음으로부터 응원 받을 정도의 강한 남편이고자 노력합니다. 가정과 일 사이의 밸런스를 잘 지킬 수 있도록 노력을 합니다. 물론 즐기면서 말입니다.

59
미래 일기를 써라

나는 어른이 되면 세계 제일의 축구선수가 되고 싶다. 아니 될 것이다. 세계 제일이 되기 위해서는 세계 제일로 연습을 많이 하지 않으면 안 된다. 그래서 지금 나는 열심히 하고 있다. 지금은 잘 못하지만 열심히 하면 반드시 세계 제일이 된다. 그리고 세계 제일이 되면 부자가 되어서 효도할 것이다. 월드컵에서 유명해져 외국에서 초청받아 유럽 세리에 A팀에 입단해 10번 번호를 달고 활약할 것이다.

연봉은 40억을 받고 싶다. 푸마와 계약해서 축구화나 점퍼를 만들고 세계인들이 내가 만든 축구화나 점퍼를 사는 것을 꿈꾸고 있다. 한편 세계인 누구나 주목하고 가장 열광하는 월드컵에 출전할 것이다. 세리에 A팀에서 활약하고 있던 나는 일본에 돌아와서 미팅을 하고 10번을 달고 팀의 간판으로 출전한다. 브라질과 결승전을 하고 2대1로 브라질을 깨고 싶다. 이 득점은 세계의 강호들과 경기를 잘 주고받으며 형과 힘을 합쳐서 멋진 패스로 넣은 것이다. 이것이 내 꿈이다.

《장래의 꿈》 혼다 게이스케.

축구선수 혼다 게이스케 선수의 초등학교 졸업문집에서 화제가 되었지요. 보신 분들도 많으리라 생각됩니다. 이미 절반은 이루고 있습니다. 이건 정말 미래의 자신에 대한 약속 아니 계약이군요.

비전의 힘을 단련시키는 미래 일기

저도 회사를 그만두는 25살에 미래의 나 자신에게 품은 뜻을 선언했습니다.

'50세까지 세계를 감동시키는 서예가가 되겠다.'

지금은 비전을 '인류의 습관을 개선해 가는 서예가가 된다'로 변경했습니다. 비전을 휴대폰 메모장에 적어두고 매일매일 보기도 하며, 종이에 적어두고 항상 보이는 곳에 붙여두고 있습니다. 이 비전 덕분에 주위의 예상을 훨씬 뛰어넘는 결과를 얻을 수가 있었습니다. 물론 이렇게 짧은 꿈이나 목표를 정하는 것도 하면 좋겠습니다만 한 가지 더 권하고 싶은 것은 '미래 일기를 쓰는 것'입니다. 미래에 관한 것이지만 당신은 현실에서 일어나고 있는 듯한 착각을 느낄 정도로 에너지가 있는 꿈의 일기입니다.

미래 일기를 쓰는 데 정해진 양식이 있을 리가 없습니다. 다만 어디까지나 일기니까 미래라고는 해도 정말 있었던 것처럼 쓰는 것이 중요합니다. 예를 들면 런던 올림픽 금메달리스트 무라타 선수는 매일 적는 연습 노트를 미래 형식으로 쓰고 있었다고 합니다. "오늘의 스파링 아주 좋았다. 멋진 펀치를 날릴 수가 있었다." 이렇게 먼저 그렇게 되고 싶은 것, 좋았던 것을 쓰는 겁니다. 게다가 그날 일기 마지막에는 반드시 "런던 올림픽에서 금메달을 땄습니다. 감사합니다"라고 쓰여 있었다고 합니다.

물론 꿈이나 목표는 사람에 따라 다릅니다. 가장 효과가 있을 것 같은 기록법을 자기 나름의 방식으로 찾아서 해보세요. 그리고 **어떻게 공헌하는지를 선명하게 쓰면** 힘든 것이 즐거움으로 변합니다. 비전의 힘을 갈고 닦는 최강의 수법이라고 단언할 수 있습니다.

이상적인 하루를 그리는 내일 일기

또 내일을 즐겁게 보내기 위해 권하고 싶은 것이 **'내일 일기'**입니다.

내일을 마치 경험한 것처럼 적습니다. 미래 일기와 같이 이상적인 내일을 과거형으로 적습니다. 예를 들면 제가 이전에 쓴 것을 소개해보겠습니다.

"오늘은 오랜만에 아내와 둘만의 데이트를 했다. 이렇게 즐거운 시간이 될 줄이야! 보통 때보다 아내가 멋을 부리고 있었기 때문일까. 연인 시절로 타임 슬립 한 것 같았다. 가슴이 두근두근했다. 점심도 새로운 곳에서 먹었는데 아주 좋았다. 둘이서 감동했다. 아내와 어떻게 하면 좀 더 좋은 가정을 만들까 서로 이야기를 하니 더욱 더 미래에 대한 자신이 생겼다. 아내 덕분에 오후의 업무도 다른 때보다 힘이 났고 즐거웠다."

실제로 이 이상으로 두근두근 설레는 하루를 보냈습니다.

요령은 내일 일어났으면 하는 이상적인 하루를 마치 이미 일어난 것처럼 과거형으로 쓴 것입니다. 미래에서 과거로 시간을 조절하는 것입니다. 중요하게 생각하는 것은 일어난 일보다도 감정입니다. 꼭 이 마법 일기의 힘을 맛보시기 바랍니다.

60
욕망 리스트를 만들고 행복을 상상하라

'욕망 리스트'를 쓰세요

그렇습니다. 여러 가지 책에도 그렇게 썼습니다. 사실 욕망 리스트를 작성해보는 것은 효과적입니다. 욕망을 정리할 수 있습니다. 그리고 이룰 확률도 확실히 높아집니다. 다만 함정이 있습니다. 적어둔 채로 가만히 두면, 하고 싶은 마음과 동시에 하고 싶지 않거나 싫은 마음까지 따라옵니다. 그리고 적어둔 욕망이 정말 순순한 것이 아니고 자신의 어둠 속에서 나오는 속임수일 수도 있습니다.

결국 욕망 리스트는 그대로 두면 **악마와의 계약**이 되고 맙니다. 적은 후에 제대로 정리하거나 그 리스트와 대화하는 것이 필수적입니다. 욕망 리스트를 쓰고 나면 정말 하고 싶은 것에 도달할 때까지 대화합시다. 적은 채로 방치해 두면 잡념이나 나쁜 파장을 불러옵니다. 잡념이나 나쁜 파장을 털어내고 청소한 후의 욕망은 아름답습니다.

글의 힘은 아주 무섭기 때문에 취급에는 주의를 요합니다. 예를 들면 욕망 리스트에 유명해지고 싶다고 쓴 채로 방치해 두면 언젠가 유명해지는 날이 옵니다. 그러나 어떤 연예인처럼 스캔들로 유명해질지도 모릅니다. 어쨌든 유명해지지만 나쁜 방향으로 향할지도 모르고, 전혀 원하지 않는 사람들에게 알려질지도 모릅니다. 이러한 것을 저는 악마와의 계약이라고 부릅니다.

그 외에도 돈이 필요하다고 쓰면 부자가 된다 하더라도 잃어버릴 불안이나 공포심으로 가득 차거나 하룻밤에 모든 재산을 탕진하거나 인간관계가 엉망이 될 수도 있습니다. 실제로 흔히 말하는 성공한 사람은 가정이나 인간관계로 고민하거나 돈과 함께 얽히는 골치 아픈 일에 마음이 항상 모래바람이 이는 상태인 경우가 많습니다. 때문에 적어둔 욕망을 잘 정리하면 악마와의 계약을 피할 수 있습니다.

그리고 한 가지 더 아주 중요한 일이 있습니다. 욕망 리스트에 **주위 사람들의 행복을 추가**하는 것입니다. 예를 들면 '다이어트에 성공한 덕분에 매일 즐거운 기분이 되고 가족이나 친구들을 소중하게 대할 수 있어서 내 주위 사람들도 모두 행복하다'라고 말입니다. 욕망 그 자체가 나쁘지는 않으니 성공하면 어떤 행복이 오는지를 떠올려보는 겁니다. 인생은 욕망이 이루어질 때까지 무난히 흘러갈 것입니다.

미래를 생각할 때는 자신과 주변 사람들의 행복한 모습을 상상하는 습관을 들입시다. 그렇게 하면 당신에게 천사가 내려 올 것입니다.

61
환경을 바꾸어보자

저는 아르바이트를 하다가 몇 번을 잘렸습니다. 처음에는 연하장을 분류하는 일을 했습니다. 문자에 집착하는 저는 연하장에 쓰인 여러 가지 글자를 보고 주변 사람들에게 "이 글 굉장하지 않아요", "이 획의 삐침은 보통이 아닌데요" 등등 말을 걸어서 방해만 하고 있었습니다. 금방 다른 알바생이 '저 사람은 일은 안 하고 방해만 한다'고 일러서 하루 만에 잘렸습니다.

대학생 때 했던 학원 강사도 바로 잘렸습니다. 공부보다도 더 중요한 것이 있다고 생각한 저는 학생들에게 공부 같은 거 하지 않아도 괜찮다고 말해버린 것입니다. 바로 학원 원장님에게 들켰습니다.

"다케다 군, 공부 안 해도 좋다고 말하는 모양이지요."

"그것은 인생은 공부보다도 더 중요한 것이 있다는 의미로 한 말입니다."

"하지만 여기는 학원입니다, 입시학원이요. 공부하러 오는 곳입니다.”

“아니 그렇지만······.”

“더 나오지 않아도 됩니다.”

회사를 그만둔 직후 수입원이 없었던 저는 근처에 있던 가게의 스태프 모집 광고를 보고 바로 면접을 봤습니다. 그 자리에서 “이 가게를 세계에 공헌하는 대단한 가게로 만들고 싶습니다”라고 말해버렸습니다. 점장은 “우리 가게는 보통 가게라서······”라고 하며 제게 불합격을 통보했습니다.

지금은 서예가로서 여러분에게 응원 받고 있습니다만 환경에 따라서는 전혀 쓸모없는 남자입니다. ‘만약 서예가 없었다면······.’ 이런 생각을 하면 등에서 식은땀이 납니다.

좀 극단적인 말인지 모릅니다만 모든 사람은 **주어진 환경에 따라 인생이 바뀌는 존재**라고 생각합니다.

타고난 성격은 관계없다

일이 잘되지 않을 때는 자신의 성격 때문이라고 생각하는 사람이 많습니다. 실은 안 되는 일과 성격은 별로 관계없습니다. 누구라도 금방 싫증내는 성향을 가지고 있으며, 누구라도 어디 가서 즐기고 싶고, 누구라도 자신이 없을 때가 있습니다. 그 대부분이 환경이 원인입니다.

잘되는 사람은 좋은 환경으로 자기 자신을 이끌어 갑니다. 성격을 바꾸려고 하는 것보다 환경을 바꾸는 것이 압도적으로 쉽고 효율적이며 현실적입니다. 예를 들면 수다를 떨지 못하니까 영업에는 안 맞는 게 아닌가 하고 우물쭈물하고 있어도 상황이 호전되지 않습니다. 말을 잘 못한다면 손님에게 편지로 진심을 전하는 것이 어떨까요? 실제로 이 수법으로 실적을 확 올린 사람이 있습니다. 부서를 바꾸거나 다른 사람의 말을 잘 듣는다거나, 이렇게 환경을 구체적으로 바꾸면 한발 한발 호전되다가 마지막에는 잘된 예가 많이 있습니다.

원래 인간은 주어지는 환경에 따라 생각이나 기분이 바뀌는 존재입니다. 직장에서는 무서운 상사가 술좌석에서는 부드러워지기도 합니다. 보통 때는 얌전한 사람이 핸들만 잡으면 거친 성격으로 변하는 것을 많은 사람들이 경험해보았을 겁니다.

어떤 사람이라도 다양한 면모를 가지고 있으므로 주어진 환경에 따라 분출되는 면이 바뀝니다. 그러니까 자신을 바꾸고 싶다고 생각하면 환경을 바꾸고, 만나는 사람을 바꿔 보고, 사는 곳을 바꿔 보고, 직장을 바꿔봅시다. 업무 내용을 바꿔보고, 입은 옷을 바꿔봅시다.

환경을 바꿀 때 비전을 중요시합니다. 다른 사람이 생각하는 성공이나 행복이 아닌, 자신이 정말 되고 싶은 이상적인 자신을 상상해 보는 것이지요. 부드러움이랄까 충실감이랄까 자신과의 대화가 잘되어 있고 비전이 명확히 서 있으면 자연스럽게 좋은 환경이 다가옵니다.

비전을 계속 그리면 자연히 좋은 환경과 만날 것입니다

가장 즐거울 것 같은 것을 선택한다

아이를 키울 때도 같습니다. 부모가 아이들에게 얼마만큼 환경을 만들어주는가 하는 것입니다. 부모는 아이 자체를 제어할 수 없습니다. 만약 제어된 것처럼 보인다면 그것은 아이의 연기이거나 억제일 수 있습니다. 그러나 환경은 어느 정도 통제할 수가 있습니다.

예를 들면 자신의 아이가 노래 부르는 것이 좋아서 다른 사람에게 칭찬을 듣는다고 하면 부모가 할 수 있는 것은 무엇일까요? "시끄러우니까 노래하지 마", "좋은 말할 때 공부해"라고 소리치면 아이에게는 반발심만 일으킵니다. 차라리 "제대로 된 직업을 가져야 하니까 노래는 그 정도로 해두었으면 좋겠다."라고 말하는 건 어떨까요. 이런 말을 할 수 밖에 없는 부모의 마음도 이해는 됩니다. 하지만 아이가 좋아하는 것을 인정하고 가능성을 열어주는 것이 부모의 역할이 아닐까요.

아이를 위해서 부모는 어떤 것을 할 수 있을까요. 아이들은 기본적으로 어른에 비해서 정보력도 적고 시야도 좁습니다. 그러니까 부모이기에 할 수 있는 일이 있습니다.

'그 지역의 노래자랑 대회에 참가하여 우승하고 자신감을 가지게

해준다.'

'돈을 모아서 발성훈련 지도사를 붙여서 데뷔를 목표로 한다.'

'갑자기 여기저기 오디션을 보게 한다.'

'먼저 클래식부터 시작하자. 좋아, 피아노 교실에 다니게 하자.'

'아니야, 히카와 기요시(가수) 씨에게 제자로 받아 달라고 할까'

선택지는 무한합니다.

우선 부모가 할 수 있는 일은 환경을 만들어주는 일입니다. 먼저 아이가 하고 싶은 것을 일단 받아주는 것도 환경의 변화라고 할 수 있습니다. 왜냐하면 부모 또한 아이에게 있어서는 환경이니까요.

이것은 아이 문제가 아니라도 마찬가지입니다. 나의 재능을 잘 살릴 수 있는 환경은 어떤 곳인가? 지금 어떤 행동을 하면 재능이 더욱 살아날 것인가? 마찬가지로 답은 무한합니다. 그 무한 중에서 한 가지 또는 몇 가지를 선택할 때는 가장 즐거울 것 같은 것을 고르면 됩니다. 만일 아니라고 해도 돌아가서 다시 다른 패턴으로 도전하면 되는 것입니다. **환경이 사람을 변화시킵니다.** 하지만 그 **환경을 선택하는 것은 자기 자신입니다.**

62

끌어당기는 법칙

자전거를 타면서 오른쪽으로 넘어질 것 같을 때 '아, 오른쪽으로 넘어지면 안 돼'라고 생각하면 할수록 자전거는 오른쪽으로 기울어집니다. 그럴 때 왼쪽으로 조금 일으켜 세운다는 상상을 하면 몸은 자연히 왼쪽으로 고쳐집니다.

이 법칙은 다양한 곳에서 응용할 수 있습니다. 병을 치료하고 싶다고 생각할수록 병을 상상하고 맙니다. 병이 낫는 이미지도 생기지만 그 반향도 생깁니다. 그러니까 건강한 몸이 된 이미지를 떠올린다면 몸은 원래 가지고 있던 강렬한 치유 능력을 발휘합니다. 왜냐하면 우리들의 세계에서는 **관심을 가지면 커진다는 법칙**이 있습니다. 이것이 좋고 저것이 싫다 해도 관심을 강하게 가진 것부터 커진다는 것입니다.

싫어하는 것도 관심 중의 하나입니다. 저 사람이 너무 싫다고 계속 말하면 그 싫어하는 사람과 점점 가까워지는 것 또한 법칙입니다. 불안도 그렇습니다. '실패하면 어떡하지' 혹은 '이제부터 나쁘게 된다면 어쩌지'라고 매일 생각하고 있으면 제대로 부풀리게 되는 것입니다. 관심이 영양소가 되는 것입니다. 이것이 흔히 말하는 **끌어당기는 법칙의 요인**이 아닌가 하고 저는 생각합니다. 그러니까 부정적인 것이 아닌 아주 좋아하는 것, 설레는 것, 편하게 느끼는 것에 마음을 집중해가면 그것이 커지는 것입니다.

상상한 것이 다가온다

같은 일을 하더라도 무엇을 강하게 상상하는가에 따라 다가오는 결과는 전혀 다릅니다.

수영을 하면서 어떤 심리 실험을 해보았습니다. 첫 번째는 1km를 목표로 50m마다 남은 거리를 계산하며 열심히 수영을 하는 것입니다. 그러면 확실히 힘이 납니다. 그리고 1km를 달성했을 때 아주 기뻤습니다. 하지만 아주 피곤했습니다.

두 번째는 처음 1km를 연습 삼아 수영하고 다음 200m를 열심히 수영하는 것입니다. 그래서 1km는 자세를 바로잡고 물속에서 기분을 즐기면서 수영하자고 전해 주었습니다. 그러자 피곤해 하지 않고 1km를 수영했고 또 힘이 솟아났습니다.

세 번째는 1km를 수영하고 나서 맛있는 식사를 하거나 체력이 강해지고 건강도 좋아진 자신을 보며 싱글벙글하는 모습을 상상하는 것에 집중했습니다. 그러자 눈 깜짝할 사이에 1km를 수영해버렸습니다. 여전히 계속 하고 싶다며 의욕이 훨씬 올라있었습니다.

결국 같은 1km를 헤엄친다고 해도 무엇을 어떻게 상상하느냐에 따라 피로도나 동기부여가 전혀 다릅니다. '이런 훈련 싫다. 빨리 끝났으면'하고 생각하느냐 '올림픽에서 금메달을 따서 좋은 기분이 될 거야'라고 생각하는 것의 차이는 확실합니다.

일본 축구대표 선수는 중동의 폭염에 시달리며 시합할 때 여기는 춥다고 생각하면서 시합을 한다고 합니다. 그러자 더위가 신경 쓰이지 않게 되었고 90분을 여유롭게 경기했다고 합니다. 무엇을 상상하느냐에 따라 당신이 불러오는 결과는 달라집니다. 관심사에 따라 그 결과는 천국과 지옥의 차이가 납니다.

63
실패는 성공의 어머니라고? 정말일까

　성공이란 무엇일까요? 지금까지 만났던 사람 중에 "이런 사람을 성공했다고 하는구나"라고 생각할 수 있었던 몇 명을 예로 들어보겠습니다.

　예를 들면 사생활도 충실히 하고 있는 인기 연예인, 직원들에게 존경받고 신뢰받는 대기업 사장님, 또 젊은 나이에 시간적 자유를 즐기고 연봉 수십억을 받는 여러 개의 회사를 경영하는 오너도 있습니다. 또 음식점을 잘 운영하면서 매일 좋아하는 윈드서핑을 하는 사람도 있습니다. 회사를 활용해서 신나게 노는 사람도 있습니다.

　누구에게도 구속당하지 않고 산속에서 조각을 하는 예술가도 있습니다. 가난한 것이 불편하지도 않는 모양입니다. 제가 성공한 사람으로서 여기 열거한 사람들의 공통점은 무엇일까요.

　① 좋아하는 것을 하고 있다.

　② 자신의 인생을 능동적으로 산다.

③ 세상의 평가 기준으로 살지 않는다.

④ 돈으로부터의 자유. 그러니까 그들은 불만이 없습니다. 불만이 나올 수 없는 환경 속에 있습니다.

그럼 반대를 생각해 봅시다.

① 좋아하지 않는 일을 직업으로 삼고 있다.

② 수동적으로, 할 수 없이 한다는 느낌으로 살고 있다.

③ 세상 평가에 속박되어 살고 있다.

④ 돈을 벌기 위해 노동하고 있다.

이것들은 완전히 하소연이 나올 만한 환경입니다. '성공한 사람'이라고 하면 먼 것처럼 느껴집니다만 어느 날 갑자기 그렇게 되는 사람은 없습니다. 그런 사람을 보고 나 같은 사람은 무리라든가, 저 사람은 운이 좋았을 뿐이라고 질투를 해봐야 아무런 도움이 되지 않습니다. 그것보다 **할 수 있는 일부터 해보자**라고 생각하는 것이 도움이 됩니다.

하소연을 하거나 할 수 없는 이유를 늘어놓고 '하지 말자'는 선택을 할 것인가, '두근두근 할 수 있다'라고 믿고 '하자'라는 선택을 할 것인가. 어느 쪽이든 누구나 선택권을 가지고 있습니다. 원래 타고난 성격은 관계없습니다. 다만 실패를 두려워하지 않는 용기를 가지고 있느냐 없느냐의 차이라고 생각합니다.

이렇게 말하면 뭔가 어렵게 생각할지도 모르겠습니다. 예를 들면 외국에 갔을 때 지금까지 본 적도 없는 수상한 과일과 익숙한 사과가 나왔다고 합시다. 그때 '좀 불안하지만 신비한 과일을 먹어볼까'와 같은 자세입니다. 처음 한 발은 그 정도로 충분합니다.

성공의 반대는 실패가 아니다?

'실패는 성공의 어머니'라는 유명한 속담이 있습니다. 원래 실패란 그렇게 나쁜 것일까요? 실패를 한다는 것은 무엇인가 도전했다는 것입니다. 아무것도 하지 않는 사람은 실패조차 할 수 없습니다. 뇌 과학의 관점에서 본다면 실패든 성공이든 도전하면 뇌의 같은 부위가 발달한다고 합니다.

다시 말하면 실패란 어느 한 지점에서 본 결과일 뿐입니다. 어떤 규칙이나 상식에서는 실패일지 몰라도 뇌의 어떤 부위에서 보면 성공이 됩니다. 결론적으로 실패를 한 지점에서 무언가를 획득한 것입니다.

이 말은 실패한 지점에서 성공했다는 이야기도 됩니다. 또 긴 안목에서 보면 그때의 실패로 인해 지금의 성공으로 이어졌다는 말도 되며 반대로 그때의 성공이 지금 일어난 실패의 시작이었다는 일도 있습니다.

성공에는 실패가 필수이며, 실패하는 데는 도전이 필수이고 도전하는 데는 한 발 내딛는 것이 필수가 됩니다. 단 한 발로는 커다란 상처는 되지 않습니다. 그렇지만 그 한 발이 여간해서 내디뎌지지 않습니다.

실패라고 하면 성공의 반대와 같은 이미지가 있는 것 같습니다만 성공의 반대는 실패가 아니라 아무것도 하지 않는 것입니다.

처음 보는 과일을 선택하면 '맛이 없지 않을까, 배탈이 나지 않을까' 하는 불안감이 생깁니다. 사과를 선택하면 안심이지만 처음 보는 과일이 시선을 사로잡습니다. 만약 아무것도 먹지 않는 쪽을 택하면 어느 쪽도 회피할 수 있습니다. 동시에 성공도 실패도 선택하지 않는 것입니다.

토머스 에디슨은 실패했을 때 '난 실패한 것이 아니다, 안 되는 방법을 발견했을 뿐'이라고 말했다고 합니다. 원하는 결과를 계속 상상하고 용기를 내서 계속 선택해 가는 인생이 더 즐겁다고 생각하지 않습니까.

64
소원은 이미 이루어졌다

소원이 이루어진다는 말을 자주 듣습니다. 사실 누구에게나 소원은 이루어져 있습니다. 원하던 것이 이루어질 때쯤에는 그것이 당연한 것이 되어서 옛날에 소망했던 것이라는 사실을 잊어버리고 있을 뿐입니다

어릴 적에는 누구나 생각했을 것입니다. '자전거를 잘 타고 싶다', '내일은 용돈이 만 원만 있었으면 좋겠다', '케이크를 배부르게 먹고 싶다' 등등. 지금은 어떻습니까. 그 대부분이 당연하게 되어 있지요.

어른이 되어서도 소원이 있을 것입니다. '좋아하는 게임기를 샀다', '취직이 되었다', '동정을 버렸다', '천만 원 적금을 부었다' 등등. 그러니까 다시 한번 생각해 보고 세어보지 않겠습니까. 작은 것이라도 좋습니다. 그것을 한 가지 한 가지 생각해내는 것만으로도 '아 그렇구나. 소원은 이루어지는 구나'라는 생각이 들게 될 것입니다. **그러면 소원이 이루어지기 쉬운 체질로 바뀌는 것입니다.**

소원이 이루어지지 않는 최대 원인은 무엇이라고 생각하십니까. 그것은 **자신이 이루어질 리가 없다고 생각해 버리는 것입니다.** '저 사람과 연인 관계가 되고 싶어'라고 생각을 하는데도 마음속에서 '나는 지금 좀 뚱뚱하니까', '일이 바빠서 만날 시간이 없어', '점괘가 좋지 않게 나왔어'와 같은 여러 가지 부정적인 이유를 대며 이루어지지 않도록 합니다. 바로 그렇습니다. '멘탈 블록'이라는 심리현상입니다. 대부분은 이전에 안 좋았던 체험을 되풀이하고 싶지 않다는 생각에서 일어나는 것입니다. 실연의 아픔을 경험한 사람은 사랑하기가 쉽지 않습니다. 굴을 먹고 식중독에 걸렸던 사람은 굴을 보기만 해도 움츠러듭니다.

뭔가 이루어지기를 바란다면 같은 것이 아니어도 좋습니다. 다른 성공 체험을 떠올려서 그 당시의 감정을 먼저 온몸으로 느껴보는 것입니다. 그러면 나는 원하는 것이 잘 이루어지는 체질이라는 생각이 듭니다.

소원이 잘 이루어지는 체질로 되면 지금까지는 'ㅇㅇ을 갖고 싶어'라는 소원이 'ㅇㅇ을 손에 넣으면 ㅇㅇ를 할 수 있어'처럼 한 단계 위로 올라갑니다. 그리고 소원의 단계가 올라가면 'ㅇㅇ을 손에 넣으면 모두가 행복해진다'라고 사고방식이 자연히 바뀝니다.

꿈을 이루는 것보다 더 중요한 것이 있습니다. 그것은 꿈을 그리는 방법입니다. 꿈이 이루어졌을 때 어떻게 되어 있습니까. '부자가 되어 미인들을 줄 세우고 주색에 빠져서 평생 놀면서 즐겁게 산다', '사장이 되어서 모두에게 대접 받는다'와 같은 일은 어디까지나 영상이나 만화에서 받은 이미지로 실제 자신이 이루고자 하는 꿈과는 다릅니다.

대단히 중요한 점은 꿈이 이루어졌을 때 자신의 감정입니다. 꿈이 이루어졌을 때 자신의 감정이 기쁨인지 감동인지 감사인지가 중요합니다. 그리고 꿈이 이루어졌을 때 자신의 기분뿐만 아니라 주변 사람들의 감정도 중요합니다. 응원해주는 사람, 가족, 친구, 동료들이 어떤 기분으로 꿈이 실현되는 것을 보고 있는지 말입니다.

한 번 더 강조합니다. 꿈을 그리는 데 있어서 중요한 것은 감정입니다. 꿈이 현실로 올 때 그때 울 것인가, 평온할 것인가, 흥분할 것인가, 감사인가, 무(無)인가. 그 감정을 상상하는 것이 양질의 꿈을 그리는 법이 됩니다.

65

목표는 **구체적**으로

"결혼하고 싶어, 부자가 되고 싶어."

이런 말을 듣는 일이 많습니다. 하지만 그 목표를 듣고 아깝다는 생각이 듭니다.

결혼하고 싶은 것도 부자가 되고 싶은 것도 자연스러운 욕구니까 그 자체는 문제가 없습니다. 다만 최종 목표가 너무 가깝게 설정되어 있다는 것입니다. 다시 말해서 '결혼해서 어떻게 살 것인가', '부자가 되어서 어떻게 할 것인가'라고 생각해봐야 합니다. 결혼이나 돈은 최초의 시작이지 최종 목표는 아닐 것입니다.

예를 들면 '결혼해서 멋있는 부부가 되어 주변까지 행복하게 해준다', '부자가 되어 마음이 여유로운 생활을 함으로써 기부도 하고 사회에 공헌한다'와 같은 목표를 세워 보는 겁니다. 돈이나 결혼이라는 수단을 활용해서 주변까지 행복하게 해준다는 비전을 그리는 것입니다. 그렇게 함으로써 처음으로 초기 욕망은 아름다운 꽃으로 피는 것입니다. 그 욕망이 에너지가 되어 공헌하는 데 활용됩니다.

꿈이나 목표에 마음을 집중하면 이뤄내는 추진력이 전혀 달라집니다. 목표가 없는 사람과 목표를 가진 사람은 보이는 경치도, 받아들이는 정보도, 동기부여도 커다란 차이가 생깁니다.

예를 들면 다이어트를 삶의 목표로 삼는 사람을 자주 봅니다. 하지만 이것은 목표가 아니지요. 행위 그 자체이며 수단입니다. "목표를 '마른다'라고 한다고요? 음, 아깝네요. 하지만 구체적인 얘기가 아니니까 목표까지 가지 않았습니다."

"그럼 1년 이내에 5킬로 뺀다."

"오. 꽤 구체적이군요. 하지만 참는다든가 힘들다는 이미지네요."

"그럼 여름에 자신 있게 벗을 수 있는 몸매로 가꾼다."

꽤 설레지 않습니까. 나온 김에 조금만 더 가봅시다.

"올해 여름에는 섬에 가서 자신 있게 나체가 되어 여자들이 비명을 지르게 만들 거야."

이건 구체적인 이미지가 그려지고 설렘을 넘어 두근두근이군요.

농담이지만 결국은 같은 살을 뺀다는 목적이어도 목표설정의 방법과 언어의 선택 방법에 따라 전혀 결과가 달라지는 것입니다. 상상을 다르게 하므로 '날씬해진다'의 의미 자체도 달라집니다.

반드시 '구체적'이고 '두근두근' 할 정도로 목표를 디자인해 보시기 바랍니다.

66
소중한 것을 **소중하게**

이전에 도쿠 씨라는 개성만점의 운전기사가 모는 택시에 탄 적이 있습니다. 그는 젊은 시절 수많은 직업을 전전하다가 작은 섬에서 별을 보면서 생활하고 있었는데 아이가 태어난 것을 계기로 택시 운전기사가 되었습니다. 얼마 안 있어 개인택시 자격을 딴 그는 리먼 쇼크였던 당시, 지금이 기회라고 생각하여 적금을 털고 대출까지 받아서 벤츠를 샀습니다. '투자를 한다면 지금밖에 없다'라는 직감을 믿었다고 합니다. '세계에서 오직 하나밖에 없는 택시 운전기사'를 목표로 했기 때문입니다. 그래서 주위의 반대를 뿌리치고 벤츠를 산 다음 장거리 전문 예약제라는 독자적인 서비스를 고안하고 행동에 옮겼습니다.

얼마 가지 않아 입소문을 타고 손님이 늘어나서 가장 바쁜 운전기사가 되었습니다. 보통 택시 운전기사는 가질 수 없는 직감력, 결단력, 행동력입니다.

도쿠 씨는 어떻게 해서 그걸 갈고 닦은 것일까요?

하루하루 만나는 손님을 소중히 대했을 뿐입니다. 어떤 손님이라도 똑같이 다루고 마음으로 대하고요. 그것뿐입니다.

당연한 것을 확실하게 한다.

이것이 가능했던 도쿠 씨니까 좋은 운도 따랐겠지요.

몰랐던 것을 알게 되다

또 이전에 이런 대단한 운전기사님과 만났습니다.

처음 보았을 때부터 자연스럽게 웃는 얼굴에 말하는 목소리, 문을 여는 법 등이 위화감을 주지 않고 모든 동작이 완벽했습니다. 이전 직업을 물어보았더니. 백화점에서 보석 판매 영업을 담당했다고 합니다. 매출 실적이 전국 10위 이내에 들었고 매일 부유층을 상대로 독자적인 스타일로 실적을 쌓았다고 합니다. 한 달에 수억 매출을 올린 적도 있다는 그에게 그 비결을 물었습니다.

상품을 파는 것이 아니고 그 손님이 나를 집 안에까지 들여놓을 정도로 신뢰를 얻는 것이라고 하더군요. 다시 말해서 자신을 파는 것이 중요합니다. 그러나 보석상으로서 빛나고 있던 그는 언제부터인가 허무함을 느끼게 되었다고 합니다. 왜냐하면 좋아하는 사교댄스를 본격적으로 하고 싶은 생각이 점점 커져갔기 때문입니다. 매일 회사 옥상에서 몰래 사교댄스를 연습하는 동안 더 참을 수가 없게 되었습니다.

지금까지 손님과 회사에 충성을 다해 일해 왔던 그가 직장을 버리고 사표를 던진 것이 40대 중반이었습니다. 지금까지 쌓은 실적을 모두 버리고 택시 기사가 되었습니다. 첫 월급은 16만 엔이었습니다.

불안이 밀려옵니다. 가족들의 생활도 있습니다. 오직 열심히 할 수밖에 없었다고 합니다. 그는 얼마 안 가 가장 중요한 것을 깨달았습니다. 지금까지 돌아보지 않았던 가족과 하고 싶어도 참고 있었던 사교 댄스를 말이죠.

왜 지금까지 그걸 몰랐을까. 그걸 깨달았을 때 눈물이 멈추지 않았다고 합니다. 그 후 10년 이상의 세월이 흘러 지금은 60세입니다. 매일매일이 꿈과 같고 가족과의 시간도 만끽하고 있다며 만면에 미소를 띠고 이야기해 주었습니다.

직업이란 무엇인가. 돈이란, 가족이란, 행복이란, 인생이란……. 이런 이야기를 들을 때마다 다시 한번 살아가는 것에 대해 생각해 봅니다. 의외로 중요한 것은 많지 않을지도 모르겠습니다. 그리고 항상 가까이에 있더군요.

제8장

말

"행복을 계속 외치면
행복한 일만 굉장한 속도로 발견할 수 있습니다"

67

주어를 바꾸면 엄청난 일이 일어난다

'전하다'와 '전달하다'에는 커다란 차이가 있습니다. '전하다'는 자신이 주어입니다. '전달하다'는 다른 사람이 주어가 됩니다.

인간관계도 같은 이치로 되어 있다는 것을 알 수 있습니다. 여성은 남성에게 '왜 이렇게 모르냐'고 흔히 말합니다. 남성은 여성에게 '왜 구체적으로 말을 안 해주는 거냐'고 반문합니다. 이런 일은 일상다반사입니다.

비슷한 예로 '안다'와 '할 수 있다'의 차이가 있습니다. 상대방은 알고 있다는 착각에 빠지기 쉽습니다. 사실은 모르는데 상대방에게 전해지지 않으니까 하소연이나 불만이 생깁니다.

만약 뭔가 불만이 있을 때는 **주어를 바꿔 볼 것**을 권합니다. 예를 들면 '너의 이런 부분을 고쳤으면 좋겠는데'라고 말하는 것이 아니라 '나는 네가 이럴 때 슬퍼'라고 전달하는 것입니다.

자신의 감정을 솔직하게 전달하는 것이 중요합니다. 주어를 자신으로 바꾸는 것만으로도 완전히 달라집니다.

'당신이 틀렸어'처럼 상대방을 주어로 하면 맞는지 틀리는지 양극화되어 결국 대립하고 맙니다. 자신을 주어로 해서 기분을 전하면 감정이 부딪치지 않을 뿐 아니라 자연스럽게 상대가 받아들일 확률이 훨씬 커집니다.

"왜 회사는 좀 더 봉급을 많이 안 주는 것일까."

→ "나는 회사에 공헌하고 있는 것일까."

"왜 저 사람은 몰라주는 것일까."

→ "나는 그 사람을 알려고 했던가."

"왜 잘 안 되는 것일까."

→ "어떻게 하면 잘되게 할까."

이런 생각은 닮은 것 같지만 본질은 완전히 반대를 나타냅니다. 질문의 각도를 조금 바꾸는 것만으로 답이 크게 달라집니다. 한 발자국 내딛는 방향 또한 달라집니다. 결국 인생이 달라집니다.

답을 하나 더 알려드릴게요. 질문 끝에 음표(♬)를 붙이면 더욱 좋은 질문이 됩니다. 예를 들면 "어떻게 하면 잘될까↘" 이렇게 어두운 톤으로 말하는 것보다 "어떻게 하면 잘될까요♬↗"라고 즐겁게 질문하는 것이 좋겠죠.

68
부정적인 말을 긍정적으로

당신의 소리를 가장 잘 듣고 있는 것은 누구일까요?

맞아요. 당신 자신입니다.

자기가 내뱉은 말을 가장 잘 듣는 것은 자신입니다. 그러므로 자신이 편안하다, 좋다, 멋있다, 브라보, 오예~ 와 같은 긍정적인 말을 사용하면 잠재의식은 그런 행복한 단어에 전염됩니다. 뇌가 속습니다. 그것이 말의 힘입니다. 반대로 불쾌한 말을 계속 사용하면 어떻게 될까요?

예를 들면 세계적인 프로 골퍼 타이거 우즈는 최종 라운딩을 하고 있을 때도 라이벌의 퍼팅이 들어가라고 마음속에서 외친다고 합니다. 왜 그런 말을 할까요. **잠재의식에서는 주어의 구분이 없다고 합니다. 다시 말하면 다른 사람을 응원한다 = 자기 자신을 응원한다가 되는 것이죠.** 라이벌을 향해 공이 들어가지 말라고 말하는 것은 결국 자신의 머릿속에 공이 들어가지 않는 상상을 강화시키는 결과가 됩니다.

그러니까 다른 사람을 깎아내리는 만큼 자기 긍정감도 약화되는 것이지요.

사람들은 자신의 입버릇을 잘 모른다

자, 그렇다면 사용해서는 안 되는 말을 소개하겠습니다. 예를 들면 겁을 주는 말입니다만 '어이', '이거 봐', '형씨'(조직폭력배의 언어) 이런 말을 의미하는 것이 아닙니다. '밥 먹고 바로 자면 소가 된다', '야식 먹으면 살찐다', '이를 닦지 않으면 벌레가 잔뜩 먹어 버린다'라는 말이 해서는 안 되는 말이라 할 수 있습니다.

그러니까 "OO하면 안 돼"라는 말보다 "OO하면 상당히 좋아져 버린다. OO하면 이런 거 저런 것까지 다 되어 버린다"라고 유혹하는 편이 좋습니다. 만약 협박하는 투로 말을 하면 인생에 큰일이 납니다. 이것도 협박이네요.

그 밖에도 우리들은 부지불식간에 부정적인 말을 자주 사용합니다. 예를 들면 먹을거리에 관한 이야기를 할 때 "난 금방 살쪄요" 이렇게 말하거나, 탈 것 이야기를 할 때 "비행기가 싫어서", 수면 이야기를 하면 "잠을 잘 못 자요", "항상 졸려요", 컨디션 이야기를 하면 "컨디션이 너무 안 좋아서"라고 말입니다.

부정적으로 말한 횟수를 세어보면 얼마나 많은지 깜짝 놀라게 됩니다. 버릇이라 의식도 못 한 채 하루에 만 번씩 "난 살찌기 쉬운 체질이야"라고 말하면 그건 '아하, 그러니까 살찌기 쉽게 되자' 이렇게 열심히 노력하게 되는 겁니다.

뭐, 사실이니까 말해도 괜찮지 않을까? 이렇게 생각하는 사람이 있을지 모르겠습니다. 그런데 그 사실은 정말 확실한 것일까요.

체질은 확실하게 개선할 수 있습니다. 공포를 극복한 사람도 얼마든지 있습니다. 만약 바라지 않는 일이라 해도 천 번 만 번 말로 하면 어떤 결과가 될 것인지는 자명합니다.

긍정적인 말을 입에 담고 있는 사람과 부정적인 말을 사용하고 있는 사람의 행복지수 차이는 말할 것도 없습니다.

부정적인 언어를 사용하는 사람들 대부분은 자신이 부정적인 말을 사용하고 있다는 사실을 느끼지 못합니다. 그러니까 일단 자신이 항상 무의식적으로 사용하고 있는 말을 체크해봅시다.

69
행복체질로 바꾸는 방법

"나는 운이 좋아요."

"저 사람은 운이 나빠."

그런 말 자주 듣지요. 운이 좋은지 나쁜지는 무엇이 기준일까요.

'자신이 운이 좋다'고 말하는 사람은 운이 좋고 '운이 나쁘다'라고 말하는 사람은 운이 나쁘다고 저는 생각합니다.

예를 들면 데이트 하다가 드라이브할 때 갑자기 차가 막힙니다. "운이 좋군. 둘이서 충분히 이야기할 시간이 있어. 그것도 밀실에서 이렇게"라고 생각하는 사람도 있고 "우와. 운이 안 좋다"고 생각하는 사람도 있습니다. 같은 현상이 일어나도 운이 좋다고 생각하거나 운이 나쁘다고 생각할 수 있습니다.

그 말은 운이 좋은지 나쁜지는 받아들이기 나름이라는 뜻일까요? 그렇지 않습니다. 실제로 '난 항상 운이 좋아'라고 말하고 있는 사람은 정말로 누가 보아도 운이 좋은 일이 일어납니다. '운이 안 좋다'는 말을 하는 사람은 실제로 정말 운이 없다고 할 만한 문제가 많이 생깁니다.

좋은 일이라고 받아들이는 것도 중요하지만 실제로 자신은 아주 운이 좋다고 생각하거나 좋은 말로 자주 표현하는 사람은 실제로 운 좋은 일이 많이 일어납니다. 신기한 일이지만 저도 체험으로 느낍니다. 오늘의 운은 과거에 쏟아낸 말들과 함께 흘러오는 것입니다.

어떻게 하면 행복하게 될 것인가

"행복해지고 싶다."

아주 자주 듣는 말입니다. 조금 전에 말한 운에 관한 이야기로 보자면 행복이라는 말을 했으니까 행복해진다고 생각하기 쉽지만 그렇지 않습니다. 행복해지고 싶다고 말한다는 건 지금은 행복하지 않다고 말하는 것과 같기 때문입니다. 또 '저것만 있으면 행복해진다' 또는 '이런 환경이 되면 행복해질 텐데'라고 하는 것도 마찬가지입니다. 그 무엇을 손에 넣을 때까지는 행복하지 않다는 말이 됩니다.

'돈만 있으면 행복해질 텐데……'

'결혼하면 행복해질 텐데……'

'날씬해지면 행복해질 텐데……'

'저 사람만 없었으면 행복해질 텐데……'

결국 이런 생각은 '돈이 없는 지금은 행복하지 않아', '결혼할 수 없는 나는 불행해', '뚱뚱하니까 불행해', '저 사람과 함께 있어서 불행해' 하고 '지금 = 불행'한 것이 되어버립니다.

지금이 불행하면 언제까지나 행복해지지 않습니다. 그러니까 '돈이 있어도 없어도 행복하지만 있는 게 더 좋겠지.' 이 정도로 여유 있게 생각하는 것이 좋습니다. 이런 말을 하면 "그럼 어떻게 하면 행복을 느낄까요?"라는 질문을 많이 받습니다. 답은 간단합니다.

"오, 행복해"라고 몇 번이고 말하는 것입니다. 먼저 내 자신이 행복해지면 되는 겁니다. 상황에 관계없이 행복한 기분으로 사는 것입니다. 결과를 기다리는 것이 아니라 먼저 기분을 행복하게 만들어버리는 것입니다. 행복한 기분으로 사는 동안 점점 행복의 달인이 되어 갑니다. 행복을 깨닫는 힘을 기르는 것입니다.

'사기 당하는 거 같다'고 생각하는 당신에게 묻고 싶습니다. 당신은 "행복하다는 단어를 말로 하고 있습니까?"라고요.

솔직히 행복하지 않은 사람이 "아 행복해! 아 즐거워"라고 말하기는 쉽지 않습니다. 반대로 행복해 보이는 사람은 입버릇처럼 "아 행복해, 아 즐거워" 이렇게 자주 말한다는 것을 모르겠습니까.

"아 행복해, 아 즐거워"라는 말을 입 밖으로 내는 것이 얼마나 대단하냐면, 인간의 뇌는 인터넷 검색엔진처럼 행복이라는 말을 하는 것만으로도 과거의 기억이나 보이는 물건에서 행복한 것을 모아서 검색

결과를 표시해 주기 때문입니다.

반대로 '힘들다'는 말을 입 밖으로 내면 힘든 일만을 모아서 '그거 봐라, 그러니까 이렇게 힘들잖아'라고 되는 겁니다. 결국 자신에게 편한 말을 계속 말함으로써 실제로 그런 기분이 되는 겁니다.

예를 들면 저는 길을 걸어갈 때 직업상 붓글씨가 눈에 많이 들어옵니다. 같이 걷고 있던 사람은 "글씨가 있었나?" 이렇게 말합니다. 반대로 걷고 있던 사람이 패션에 흥미가 있으면 사람들이 입고 있는 옷이나 옷가게가 눈에 들어오지만 패션에 흥미가 없는 제 눈에는 거의 들어오지 않습니다.

즉 사람은 자신이 흥미 있는 것부터 우선적으로 보거나 느낍니다. 그러니까 "행복"을 계속 외치고 있는 사람은, 행복한 일만을 굉장한 속도로 발견해갑니다.

반대로 "재미없어, 싫어"라고 계속 말하는 사람은 재미없는 일을 끌어 모읍니다.

아무래도 납득이 가지 않는 분은 소원에게 속았다 치고 일주일 동안이라도 말하는 것을 계속해 보세요. 손해는 안 볼 테니까요. 돈도 안 듭니다.

70
그러니까 할 수 있는 것

살아가다 보면 여러 가지 문제에 부딪칠 때가 있습니다. 거기서 약한 소리를 하거나 부정적인 생각을 하기 쉽습니다. 그럴 때 저는 마법의 주문을 외웁니다.

블로그와 책에 실린 후 아주 화제가 되어서 오토타케 히로타다 씨와 대담한 책의 제목으로도 사용하였습니다. 맞아요.

그러니까 할 수 있는 것

자신이 불리한 상황에 처했을 때 이 말을 외워봅시다.

정리해고 당했을 때
→ 그러니까 할 수 있는 것
불경기
→ 그러니까 할 수 있는 것
돈이 없어

→ 그러니까 할 수 있는 것

살쪘어

→ 그러니까 할 수 있는 것

여러 가지 상황 다음에 '그러니까 할 수 있는 것'이라고 무조건 붙여서 말해버립니다. 그렇게 하면 신기하게도 좋은 아이디어가 떠오르기도 하고 긍정적으로 되기도 하고 앞으로 나가거나 다른 사람이 도와주기도 하고 여러 가지 좋은 방향으로 흘러갑니다. 말을 계속하면 신기하게도 희망이 생깁니다.

예를 들면 저는 회사를 그만두고 제일 먼저 커다란 뜻을 세웠습니다. '세계에서 적어도 1억 명에게 감동을 주겠다' 하는 것이었습니다. 많은 사람들에게 제 꿈을 이야기하면 '예? 무명 서예가가?', '실적도 없는데'라고 대꾸하는 사람도 있었습니다. 그러나 저는 부정적인 의견을 뿌리치고 제 뜻을 발판으로 삼았습니다. 저는 이 마법의 말을 마구 뿌렸습니다.

'일본 사람이니까 할 수 있는 것.'

'돈 없고 인맥 없고 실적 없고 그러니까 할 수 있는 것.'

'자신 없고 실력 없고 지위도 없다. 그러니까 할 수 있는 것.'

그리고 나니까 '할 수 있는 것'을 계속 추구함으로써 꿈을 버리지 않고 지금도 매일 꿈을 꾸면서 즐기면서 나가고 있습니다.

'당신이니까 할 수 있는 것'을 찾기 바랍니다.

71
즉시 효과가 나타나는 **마법의 말**

또 한 가지 효과가 있는 마법의 말이 생각나서 전해 드리려고 합니다. 그것은 '성스러운 OO'라고 여러 물건에 '성스러운'을 붙이는 것입니다. 예를 들면 헤어드라이어로 머리를 말릴 때에 "성스러운 드라이어"라고 말하면 바람이 아주 감사하게 느껴집니다. 그 외에도 "나와라, 성스러운 목욕타올"이라든가 "성스러운 부인이여" 이렇게 부릅니다. "성스러운 아침밥", "성스러운 전철" 등등 이런 식입니다.

모든 물건에 '성스러운'이라고 붙이는 순간 그것은 재미있고 고마운 대상이 됩니다. 이 마법의 말을 블로그에 게재하자 독자 분들이 '세계가 달라졌다'면서 많은 답글을 올렸습니다.

그 외에도 긍정적으로 되는 마법의 말을 몇 개 가르쳐 드리겠습니다.

먼저 "ㅇㅇ**입니다. 왜냐하면**"

"엥? 뭐야 이거?"

예리한 분은 아시겠지요.

맞아요. "○○입니다"라고 잘라 말한 다음 "왜냐하면"을 붙입니다.

예를 들어서 "저는 행복합니다. 왜냐하면"이라고 하는 것이죠.

실제로는 그다지 행복하다고 느끼지 않더라도 먼저 "행복합니다"라고 잘라 말합니다. 그리고 뒤에 "왜냐하면"을 붙이면 우리 뇌는 행복한 원인을 아주 빠른 속도로 검색합니다. 이것은 많은 뇌 과학자들도 하는 말입니다. 반대로 "나는 불행합니다. 왜냐하면" 이렇게 말하면 지금까지 있었던 불행한 일들을 마구 모으기 시작합니다. 사실이라는 것은 받아들이기에 따라서 변합니다.

그러니까 '자신에게 편한 말'+'입니다. 왜냐하면' = '행복한 사실'이되는 것입니다.

"나는 충분합니다. 왜냐하면."

"나는 운이 좋아요. 왜냐하면."

배우기 어려운 말만 잔뜩 제안했다고 그런 말하면 벌 받아요.

다음은 상상력을 키우는 데 아주 도움이 되는 어려운 말을 가르쳐 드리겠습니다.

"나라면 어떻게 할까"를 생각해 보는 것입니다.

예를 들어서 다음과 같습니다.

"정치가들 뭐 하는 거야."

→ "나라면 어떻게 할까."

"상사는 왜 저런 말을 할까."

→ "내가 상사였다면 뭐라고 했을까."

"부모님이 좀 더 달라졌으면 좋겠어."

→ "자신이 부모였다면 어떻게 할까."

"저 연예인 대단하다."

→ "나라면 좀 더 이렇게 할 텐데."

다시 말해서 누군가 다른 사람에 대해서 말할 때는 마지막에 반드시 "나라면 어떻게 할까"를 덧붙이는 것입니다. 매일 몇 번이고 상대의 입장에 서서 나 자신이라면 어떻게 할까를 생각하다 보면 구체적이고 확실하게 상상력이 길러집니다.

"이 레스토랑 안 되겠어."

→ "나라면 어떻게 할까."

"왜 바람이 부는 것일까."

→ "공기분자가 되면 어떻게 할까."

어떻습니까. 지금까지와는 다른 시점으로 사물을 볼 수 있지 않습니까?

말로 감정을 바꾼다

마지막입니다.

"덕분에."

"당신 덕분에 또는 그 일 덕분에"라는 말은 잘하지요. 하지만 그것만으로는 마법의 주문이 되지 않습니다. 이것은 무엇이든 어디에든 붙임으로써 마법으로 변하는 것입니다. 예를 들면 만지는 것이나 보는 것, 모든 것에 '덕분에'를 붙여봅니다.

"목욕탕 덕분에"

"전철 덕분에"

이런 식입니다. 명사뿐만이 아닙니다.

"슬픈 덕분에"

"화 낸 덕분에"

마구 붙이면 뇌는 감사를 찾는 기계로 변신합니다. 어떻습니까. 말로 감정을 바꾸는 것을 강력히 추천합니다. 마법의 말을 복습해 봅시다.

"그러니까 할 수 있는 것."

"성스러운."

"입니다 왜냐하면."

"나라면 어떻게 할까."

"덕분에."

72
빵이면 돼 → 빵이 좋아

어떤 행사장에서 사람들을 안내하는 A, B, C라는 직원이 있다고 가정하고 그들이 어떤 말을 하는지 적어봅시다.

- A '손님을 모아야지.'
- B '손님을 모읍시다.'
- C '손님이 자연스럽게 모이는 콘텐츠를 만듭시다.'

말이 조금 다를 뿐인데 전혀 다른 결과가 되는 것이 보입니다. '모으다'와 '모이다'는 한 글자 밖에 다르지 않지만 엄청난 차이를 가져옵니다. '모으다'는 이쪽에서 필사적으로 모으는 이미지가 있습니다. 반대로 '모이다'는 저쪽에서 자연히 모여든다는 이미지가 있습니다.

말에 의해 환기되는 이미지가 중요합니다. 말을 조금 바꾸는 것만으로 이미지는 변합니다. 그러면 행동이 변하고 결과도 달라집니다.

한 글자가 살짝 다른 것뿐인데도 큰 차이가 납니다. 예를 들면 아침밥 먹을 때 '빵이면 돼' 이렇게 생각한 적이 없습니까? 빵 입장에서 보면 "야 엄청나게 형편없는 취급을 당하는 거 아닌가"라고 화를 낼 것입니다. "커피가 좋아? 홍차가 좋아?" 물었을 때 "아 보리차면 돼"라고 말하면 보리차도 마찬가지입니다. "비록 내가 보리차이고, 커피나 홍차가 훌륭할지도 모르겠지만, 근데 있잖아. 이쪽도 맛뿐만이 아니라 불경기에는 쓸 만하다고요." 이렇게 말하고 있을지도 모르죠.

그러니까 "보리차가 좋습니다", "보리차가 마시고 싶어요", "보리차를 마실 수 있다면 참 좋겠습니다"라고 말해주세요.

그렇게 하면 '오, 잘 알고 있군. 알았어. 그럼 너의 몸에 아주 좋은 보리차가 되어 줄게' 이렇게 되는 겁니다. 정말입니다. 속았다고 생각하고 밥이나 마실거리에 행복을 느껴 주세요. 절대로 "○○나 주세요"라고 말하지 말고요.

"○○나"만 사용하면서 사는 사람과 "○○이 좋아"를 사용하면서 인생을 사는 사람의 차이는 하늘과 땅 차이입니다. **글자 한 자로 인생이 바뀝니다.** 진짜 그렇게 생각합니다.

73
칭찬의 힘

칭찬이 중요하다고들 합니다.

일본 사람은 원래 엄격한 것을 좋아한다고 할까요. 칭찬하는 문화는 별로 발달하지 않았습니다. 칭찬을 어렵게 생각하는 사람도 많습니다. 칭찬하려고 해도 어떤 말을 해야 좋을지 모르겠다고 합니다.

하지만 칭찬은 사실 말보다도 반응이 중요합니다. '뭐야! 굉장하잖아'하며 나도 모르게 긍정적으로 반응하는 것이 중요합니다.

냉정하게 "굉장하군", "잘하네"라고 말하는 것은 누군가와 뭔가를 비교하는 듯한 느낌이 듭니다. 평가받는 듯한 느낌이죠. 진정한 칭찬 고수는 비교나 평가를 하지 않습니다. 다시 말해서 **감동하는 것이 칭찬이라는 것**입니다.

예를 들면 저는 글을 써서 누군가에게 보여줄 때 어떤 칭찬하는 말보다도 실제로 눈물을 흘린다든가 닭살이 돋은 것을 보여줄 때가 단연 기분 좋습니다. "잘하시네요" 같은 말은 들어도 전혀 기쁘지 않아요. 솔직히 좀 기쁘긴 하지만 말이죠.

제 아버지는 생선초밥집에 갔을 때 초밥을 입에 넣자마자 젓가락을 떨어뜨렸습니다. "너무 맛있어서 나도 몰래 젓가락을 떨어뜨리고 말았습니다"라고 말해서 가게 주인이 아주 기뻐했습니다. 저는 그렇게 "넌 대단해", "넌 천재야" 이런 대단한 리액션으로 부모님이 키워주셔서 그 덕분에 이런 사람이 되었습니다.

다른 사람을 칭찬하는 것 = 자신을 칭찬하는 것

앞에서도 말했지만 **잠재의식에는 주어가 없다**고 합니다.

이것이 정말이라면 다른 사람을 계속 칭찬하면 자신을 계속 칭찬하고 있는 것과 마찬가지가 됩니다. 반대로 다른 사람의 결점만 찾아서 지적하는 사람은 자신을 괴롭히는 것입니다.

부모님 말씀에 의하면 저는 어릴 때부터 집에 돌아오기만 하면 "아무개의 이것이 멋있어"라든가 "OO선생님의 그게 대단해"라고 자랑을 했다고 합니다. 부모님 입장에서 보면 다른 사람 일보다 본인의 자식이 잘됐으면 하는 묘한 기분이었다고 합니다.

제 눈에는 다른 사람의 대단한 부분만 크게 보였습니다. 때문에 대부분의 사람을 존경하고 좋아했습니다. 반면에 나 자신에 대해서는 좋은 것이 없었습니다.

그러나 어릴 때부터 지금까지 다른 사람의 장점을 발견하는 훈련을 해온 덕분에 서예 선생님으로서 아주 큰 도움이 되고 있습니다. 아울러 아티스트로서도 도움이 되고 있습니다. 누구에게도 보이지 않는 인간이나 사회의 좋은 부분을 발견해 표현하는 것이 수월하니까요.

　요모조모 따져보니, 역시 사람의 장점을 발견하고 목소리를 울려서 칭찬한다는 것은 자신에게도 훌륭한 일이라고 생각하게 되었습니다.

　그렇게 저 자신을 믿는 마음을 길러왔다고 자부하고 있습니다.

부정적인 이야기, 일곱 번째

자, 다들 모여봐!

인사는 대단한 힘을 가지고 있다고 앞에서 설명했지.

지금 사람들이 얼마나 인사를 하지 않는가는 모두 잘 알 거야.

하여튼 짧게 상쾌하게 인사를 하는 거야.

"안녕히 주무셨습니까. 안녕하세요."

특별히 큰 목소리로 할 필요는 없다. 커다란 목소리는 시간, 장소, 상황에 따라서는 다른 사람을 깜짝 놀라게 하니까. 인사하는 것만으로 운이 점점 올라가는 것은 계속해본 녀석만이 알 수 있어.

물론 사람들을 행복하게 하는 것은 조금만 생각해보면 알겠지. 하여튼 일주일이라도 좋아 지금부터 시작해.

하루 10분 인사다! 인사의 효과를 알게 된 사람은 그것을 모르는 녀석에게 분노를 느끼게 될 거다.

"이, 이카리야 선생님! 화낼 거면 하지 않는 편이 좋지 않을까요?"

"좋아하는 것을 발견하고 모아보세요.
인생이 즐거워집니다"

74

많은 사람들 덕분에!

사람은 약한 존재라고 생각합니다. 물론 저도 약합니다. 약한 인간이 강함을 손에 넣을 때란 언제일까요.

승부에서 이겼을 때일까요. 체력이 강할 때일까요. 성공했을 때나 자신감을 가지게 되었을 때라면 사실 나의 모든 게 다 강해질 것이라고 생각합니다.

하지만 더욱 더 중요한 것이 있습니다. 그것은 주위 사람들에게 '**도움을 받고 있다는 것을 알았을 때**'입니다. 이것만큼 사람을 강하게 만드는 것은 없습니다.

저는 부모님이나 주변 사람들에게 사랑을 받으며 자랐습니다. 또 저를 응원해주신 분들, 서예교실 학생들, 저를 믿고 일을 맡겨주신 분들, 저의 작품을 좋아한다고 해서 감동을 주신 분들, 같이 인생을 걸어온 아내와 아이들, 이처럼 많은 여러 사람들의 존재가 저의 배후에 있다는 것을 알았습니다.

그것을 알았을 때, 느꼈을 때, 깊이 받아들였을 때 눈물이 났습니다. 그리고 저는 강해졌습니다. 미숙했던 저는 최근까지도 그런 것쯤은 알고 있다고 생각했습니다. 하지만 눈물이 흘렀을 때 느꼈습니다. '알고 있는 게 아니었구나'라고. 자신이 약함을 알았을 때, 인정했을 때 그러한 여러 가지 도움과 은혜를 느낄 수 있었습니다.

자신에게 도움을 주고 있는 존재를 느껴라

저는 멋진 긍정적 사고를 제 안에 소중히 품고 길러왔다고 자부하고 있었습니다. 2011년에 큰 병을 앓을 때도 저 스스로 놀랄 정도의 안정된 긍정적 사고가 흐르고 있었습니다. 물론 심한 통증이 있을 때는 아픔에 겨워 빨리 이 아픔에서 도망가고 싶다고 비명을 질렀습니다. 동시에 괜찮다는 목소리도 마음속에서 나와 차분해질 수도 있었습니다.

그리고 아픔이 가신 후 링거 주사를 맞는 일과 절식 생활이 언제까지 계속될지도 몰랐지만 여느 때보다 평온했고 긍정적 사고가 흐르고 있었습니다.

이 기회에 푹 쉬자.

아픈 덕택에 알게 된 것도 많이 있겠지.

조금 더 생활을 고치면 돼.

10년 후에도 건강하겠지.

희망만이 솟아올랐습니다. 일에 대한 불안이나 앞으로의 건강도 물론 불안하긴 했습니다만 당황하지 않았습니다. 침착하고 자연스럽게 좋은 방향으로 전환할 수 있었습니다. 긍정적 사고가 이번에 예상했던 이상으로 회복력을 주었다고 확신합니다.

많은 분들에게 도움 받고 있다는 사실을 깨달은 것도 큰 수확입니다. 병실에서 지금까지 신세를 진 사람들을 종이에 적어보았습니다. 그러자 감사의 마음과 에너지가 솟아올랐습니다. 이것이 십년 전이었다면 좀 더 '어떻게 하지'라는 불안이나 '왜 하필이면 나만'이라는 불만이 넘쳐서 답답했을 겁니다.

다소의 차이는 있지만 누구든지 있을 것입니다. 당신을 도와주는 존재가 말이죠.

자신을 도와주는 존재를 알 때 큰 힘이 된다고 생각합니다. 그러니 신세진 분들에게 감사 리스트를 써보지 않겠습니까?

75
자그마한 행복을 느끼자

저는 어릴 때부터 사람들을 웃기는 것이 좋아서 틈만 있으면 반 아이들을 즐겁게 했습니다. 그것이 지금은 직업이 되어 있습니다. 학생들을 즐겁게 하고 개인전이나 블로그 강연회 등에서 참가자들을 즐겁게 하려고 최선을 다합니다. 물론 이 책에서도 당신을 즐겁게 하려고 얼마나 필사적인지 여러분들은 모르실 겁니다.

사람에 따라서는 즐겁게 한다는 것에 흥미가 없는 사람도 있습니다. 좋아하는 포인트도 다 다릅니다.

예를 들면 서예가 좋다는 사람들이 모여 있어도 모두 좋아하는 포인트가 다릅니다. 도구가 좋은 사람, 역사가 좋은 사람, 흉내를 잘 내는 사람, 창작을 좋아하는 사람, 가르치는 것을 좋아하는 사람 등등 다양합니다. 저는 서예교실이나 개인전, 출판 이벤트 등에서 좋아하는 것을 동시에 할 수 있으니까 동기부여가 떨어지는 일은 없습니다. 평생 해갈 자신이 있습니다.

'좋아하는 것'은 역시 강합니다. 좋아하는 그 힘을 자신을 위해서 사용할 것을 권합니다. 예를 들면 지금 하고 있는 일이 재미없다고 생각하는 사람은 좋아하는 힘을 이용해 보세요. **어떤 것이라도 좋으니까 하고 있는 일 중에서 좋아하는 포인트를 찾는 것입니다.**

숫자를 맞추기도 하고 이메일 문장도 써보며 거기에 파고들어가 푹 빠져보는 것입니다. 그렇게 하면 신기하게도 의욕이 생겨서 왠지 다른 부분까지 좋아지는 현상이 나타납니다. 다른 결점은 보이지 않게 됩니다. 마치 지금 막 사귄 연인 같이, 조그만 것이라도 일 중에서 강한 애정을 발견합시다.

좋아하는 것만 해서 성공하고 싶어

'좋아하는 일을 해서 성공한다' 이상적인 인생입니다. 이 세상은 그렇게 호락호락하지 않다고 말하는 사람도 많습니다. 예전 정도는 아니지만 지금도 힘든 노력 위에 성공이 있다고 믿는 사람은 많이 있습니다.

어떤 측면에서 보면 그것은 당연한 성공 법칙이고 피땀 어린 노력의 결과로 꿈을 이룬 사람이 많은 것도 사실입니다.

그런 점에서 세상은 확실히 냉정합니다. 좋아하는 것만 하고 싶다고 말하면 세상을 우습게 보지 마라, 큰 코 다친다고 야단맞는 것도 당연합니다.

하지만 본심은 어떻습니까. 누구나 좋아하는 것만 해서 성공하고 싶지요. 제 주변에도 그것을 몸으로 실천하는 사람들이 많이 있습니다. 그 사람들은 정말로 특수한 것일까요? 우연일까요? 어쩌다 운이 좋았을 뿐일까요? 좋아하는 것을 하다 보면 잘하게 됩니다.

① 좋아하는 일은 싫증이 나지 않는다.

② 싫증이 안 나니까 사람들은 엄청 노력하고 있는 것처럼 보아도 본인은 즐거우니까 노력하고 있다는 생각 자체가 안 든다.

③ 재미있으니까 마음의 여유가 있다.

④ 여유가 있으니까 다른 사람의 이야기를 들을 수 있다.

⑤ 다른 사람의 말을 받아들이니까 성장한다.

⑥ 성장하니까 사람들이 응원한다.

⑦ 다른 사람으로부터 응원 받는 것이 좋아진다.

→ ①로 되돌아가서 순환한다. 좋은 순환, 플러스의 소용돌이가 전개되고 있는 것입니다.

좋아하는 것을 하다 보면 여러 가지가 잘 되어 순환됩니다.

다시 말해서 계속 잘하기 위해서는 좋아하는 것을 하는 것이 가장 합리적이라고 생각합니다. 조그만 행복을 느껴 보세요. 그것이 성공을 향한 첫발일지도 모릅니다.

여기서 꼭 반론이 나옵니다. 예를 들면 "좋아하는 음악이나 연극 하면서 끼니도 못 때우는 사람 많다."

그것은 음악이라는 하나의 취미만 하고 있기 때문입니다. 그러면 가능성은 줄어듭니다. 그런 사람은 좋아하는 것을 많이 모으면 됩니다.

음악도 좋아하지만 사람들을 즐겁게 하는 것도 좋아하고, 기타 치는 것도 좋아하고, 친구들과 함께 라이브를 하는 것도 좋아하고…… 이렇게 좋아하는 것을 많이 모아 자신만의 활동을 하다 보면 오리지널 팬이 생길 겁니다.

또한 잘 안될 때는 좋아하는 것이 애매해서입니다. 음악 전반에 걸쳐서 정신이 산만하게 흩어져 있으므로 좋아하는 것을 좁혀 가는 것이 좋습니다. 음악 중에서도 작곡이 좋다거나 악기 만지는 것이 좋으면 밴드를 그만두고 장인이 되는 것도 좋습니다. 그렇게 해서 성공한 지인이 실제로 있습니다.

조금이라도 좋아하는 것을 많이 발견하는 것부터 시작해 보세요. 좋아하는 것을 많이 모아 보세요. 싫어하는 것을 참으며 해야 할 정도로 인생은 길지 않습니다. 자, 오늘부터 조금 좋아하는 조각을 주워서 모아 봅시다.

76
지금을 **즐겨라**

저는 블로그나 트위터에서 자녀 문제나 부부 간의 고민을 가진 분들과 많은 상담을 하고 있습니다.

대부분 공통되는 문제가 '지금이 빠져 있다'는 사실입니다.

예를 들면 아이들의 장래를 위해 이렇게 열심히 하고 있는데 보상이 없다는 게 부모의 고민입니다. 아이의 장래를 생각하는 마음은 좋습니다. 하지만 가장 중요한 것은 오늘이며 지금입니다. 장래를 지나치게 생각한 나머지 지금 눈앞에 있는 아이를 나무라고 부모가 초조해 한다면 본말전도입니다. 말도 안 되는 일입니다.

장래보다 지금, 바로 오늘이 중요하다는 당연한 사실을 저를 포함해서 대부분의 사람들은 잊어버리기 쉽습니다.

그렇다면 구체적으로 지금을 소중히 하려면 어떻게 해야 좋을까요? 매사를 즐긴다. 맛본다는 어떨까요. 예를 들면 아침에 일어날 때 이불의 감촉을 느껴보거나 자신의 관절이나 뼈 그리고 근육을 느껴보거나, 걸을 때 발바닥에 전해져 오는 바닥이나 지면의 감촉을 느껴본다거나, 식사할 때는 식감으로 맛보고 **새소리나 사람소리, 거리의 잡음을 귀로 느껴보고 오만 가지 냄새를 맡아보고** 색이나 모양을 눈으로 맛을 보며 이렇게 모든 감각을 단련하는 것입니다.

예를 들면 이 책을 쥐고 있는 손으로 전해져 오는 종이의 감촉, 눈으로 들어오는 문자나 일러스트의 색 배합, 마음으로 느껴지는 다케다 소운의 세계관 등을 맛봅니다.

컴퓨터를 조작할 때는 손의 감각에 집중하고 키보드나 마우스의 감촉을 느껴보는 것입니다. 온도, 딱딱함, 마찰 등에 귀를 기울입니다.

맛을 보면 감사의 마음이 일어납니다

느껴본다는 것은 상태가 좋지 않을 때도 가능합니다. 즐길 수 없을 때는 느껴보는 수밖에 없습니다.

지금, 이 순간을 느끼는 것은 부정적인 기분에도 효과적이니까요. 이전에 해버린 것에 대한 후회, 그리고 미래에 대한 약간의 불안으로 지금을 느끼지 못하면 하루가 후회와 불안으로 가득 차고 맙니다. 아무 생각도 없이 멍하니 지내고 마는 일이 많죠. 그러고 있는 사이에 소중한 지금을 잃어버리고 맙니다.

당연한 말을 지겹게 말하지만 과거를 느끼는 것도 지금이며 미래를 상상하는 것도 지금입니다. 우리들은 지금을 살고 있습니다. 지금을 쌓아 미래를 만듭니다.

그러니까 후회나 불안 따위에 지배당하는 것은 실로 안타까운 일입니다. 느낄 수 있으면 감사의 마음도 생깁니다. 밥을 먹을 때 열심히 맛을 보듯이 무엇이든 맛보는 것입니다.

예를 들면 제가 강연에서 청중들께 자주 묻는 것이 페트병의 느낌입니다. 강연할 때 생수나 녹차가 눈앞에 놓여 있는 경우가 많아서입니다. 단순히 안에 있는 음료를 맛보라는 의미가 아닙니다.

누가 만들었을까? 누가 가지고 왔을까? 뚜껑은? 디자인은? 모양은?

페트병만으로도 상상력을 부풀려 깊이 맛볼 수가 있습니다. 맛을 다 본 뒤에는 스스로 고맙다는 감사가 솟아납니다. 맛을 끝까지 본다는 것은 마음이 충족됐다는 의미입니다. 그러면 초조한 마음도 깨끗이 없어집니다. 먼저 눈앞에 있는 것, 지금 이 시간을 느껴보지 않겠습니까.

77

기업의 노력에 감사하라

대부분의 사람들이 세상에 넘치는 은혜를 모릅니다. 예를 들면 먹을거리가 있죠. 어느 농가와 식품회사의 노력이 있었기에 이처럼 맛있고 안전하게 만들어져 있는 걸까요?

지금 우리들의 생활을 찬찬히 살펴보면 편리한 물건들로 겹겹이 둘러싸여 있습니다. 수도, 전기, 이불, 휴대폰, 텔레비전, 인터넷, 가구, 양복, 편의점, 슈퍼 식재료 등등 생각나는 대로만 적어도 엄청난 숫자가 됩니다. 꼭 종이에 적어 보시기 바랍니다. 우리들이 얼마나 많은 혜택을 받았는지 써 보는 것만으로도 마음이 정리됩니다.

제 아들과 딸은 네 살 차이가 나는데 기저귀를 갈 때면 생각이 났습니다.

아들 때보다 확실히 기저귀 질이 좋아졌습니다. 쉬도 응가도 흘러넘치지 않게 받아주고 교체도 너무나 간단합니다. 통기성도 좋아져서 가볍고 4년 전보다 확실하게 업그레이드되어 있었습니다. 1년 전에는 생각지도 못했던 진화라니, 얼마나 감사한 일입니까.

우리는 무수한 기업의 노력으로 하루하루 누리고 살고 있습니다. **기업의 노력을 한 가지씩 발견할 때마다 행복감이 올라갑니다.**

기업은 이익을 추구해야 합니다. 그러기 위해서는 소비자의 입장에서 필사적으로 상품 개선을 위해 노력해야 합니다. 노력하지 않는 기업은 쇠퇴할 수밖에 없기 때문입니다. 셀 수 없이 많은 기업들의 노력을 아는 것만으로도 얼마나 현재가 감사한지 느껴집니다. 선조들의 피땀 어린 노력 위에 지금의 노력이 쌓여서 우리들은 그것을 즐기고 있는 것입니다. 얼마나 감사한 일입니까.

당신 주변에서 이러한 기업들의 노력을 찾아보세요. 그것들을 알게 되었을 때 마음이 따뜻해져 오는 것을 느낄 수 있습니다.

초조 스트레스의 원인을 알자

매일 같은 일로 화를 내고 매번 똑같은 현상으로 초조해하는 사람
이 있습니다. 인간이니까 화를 내거나 초조해하는 것은 어쩔 수 없습
니다. 하지만 같은 일로 몇 번이고 부정적인 감정이 되는 것은 멍청한
짓이 아닐까요.

예를 들면 '또 전철이 늦었어' 하면서 매번 안절부절못하는 사람은
'우와, 나는 매번 여기서 화내고 있어'라고 느꼈으면 좋겠습니다.

초조함을 회피하는 방법은 반드시 있습니다. 전철이 너무 늦거나
도로가 정체되는 일은 흔합니다. 그때야말로 '내가 좋아하는 책을 많
이 읽을 수 있어', '음악을 천천히 들을 수 있어' 등의 전환이 필요합니
다. 제 서예교실에 다니는 학생의 이야기입니다.

A씨는 30세의 신혼 새댁입니다. 결혼 전에는 활달한 커리어우먼이
었습니다. 일을 할 때는 매일 천근만근 피로가 쌓여서 체력적으로도
정신적으로도 지쳐서 집안일을 전혀 못했습니다. 결혼을 계기로 소원

이턴 전업 주부가 되었습니다. 자유로운 시간을 만끽하자는 생각도 잠깐, 노는 것도 싫증나서 다시 취업했습니다. 일과 집안일을 병행해야 하는 것에 대한 불안도 있었습니다. 하지만 결혼 전과 일의 내용은 변하지 않았는데 신기하게도 피로가 쌓이지 않고 오히려 재미있어서 몸이 가볍게 느껴질 정도였다고 합니다.

예전과 다른 점은 단 하나, 통근시간이랍니다. 이전에는 통근하는데 왕복 2시간이 걸렸다고 합니다. 지금은 20분! 세상에 결혼 전 피로의 원인은 단순한 출퇴근 피로였던 것입니다.

사실은 저도 신입사원 시절 만원 전철 스트레스로 토할 뻔하거나 설사에 시달리곤 해서 몇 번이고 도중하차 했습니다. 이렇게 출퇴근하는 것은 곤란하다고 생각되어 저는 그린 차량을 이용하는 대책을 세웠습니다. 그린 차량 요금은 하루 왕복 천 엔으로 월급이 18만 엔일때라 상당한 부담이었습니다. 하지만 이렇게라도 하지 않으면 만원 전철의 스트레스로 회사에 갈 수가 없었습니다. 그린 차량 통근을 시작하고 나서 거짓말처럼 피로가 없어졌습니다.

만약 만성적인 피로나 스트레스를 느끼는 사람이 있으면 매일 당연시하던 일에서 눈을 돌려보기 바랍니다. 일이 적성에 안 맞는다거나 상사가 싫다고 말했던 사람이 '뭐야, 겨우 이런 사소한 일이 원인이었어?'라고 했다는 우스갯소리도 자주 듣습니다.

스트레스의 진짜 원인은 의외로 잘 느끼지 못하는 경우가 많습니다. 일상생활 속에서 **무심코 반복하던 일을 하나씩 뽑아서** 무엇이 스트레스인지 살펴보며 한 가지 한 가지씩 환경을 바꿔보기 바랍니다.

뜻하지 않은 곳에서 오호~ 하고 마음이 가벼워질 것입니다.

78
계속 만족하자

'만족하면 거기서 끝' 많은 사람들이 좋아할 것 같은 개념입니다. 이 말의 뒷면에는 '만족 = 땡땡이'라는 결말이 있습니다. 만족하면 더 이상 노력 안 한다. 노력하지 않으니까 못쓰게 된다. 그런 논리입니다.

저는 결단코 반대입니다. **'계속 만족하자' 그렇게 생각합니다. 왜냐하면 '만족 = '보답'이 되니까요.** 만족할 때마다 감사의 기분이 넘칩니다. 감사가 넘치면 보답과 공헌이 기본 사고로 습관화됩니다. 만일 감사가 나오지 않을 때는 진정한 의미의 만족이 아닙니다. 불만이나 불안이 가득 남아 있는 것입니다. 태양, 공기, 바람, 비, 음식, 문명, 문화, 친절함 등 주변의 충분한 혜택을 항상 느끼고 만족하는 사람은 보답형 사고를 하는 인간이 되어 있습니다.

여기서 한 가지 비판적인 시선이 생깁니다. 만족하면 거기서 성장은 멈추는 것이 아닌가. 그것도 압니다. 그러나 '지족(知足), 족함을 안다' 이런 속담이 있습니다. 있는 것에 만족하면 여유가 생깁니다. 여유가 생기면 다른 사람에게 베푸는 기회가 늘어납니다. 다른 사람이 기뻐하는 일이 늘어납니다. 감사가 모입니다. 그러면 또 여유와 감사가 일어납니다. 그러면 또 남으니까 나누어 주고 싶어집니다. 맞아요. 감사와 여유의 순환입니다. 이런 인생도 있다, 그렇게 살아가는 사람도 있다. 그것을 알고 있는 것만도 대단하다는 느낌이 듭니다.

불만을 기본으로 성장해도 좋지만 감사를 기본으로 성장할 수 있습니다. 만족할 줄을 안다면 겸허한 이미지로 보입니다만 사실은 적극적이고 폭발적인 순환 에너지가 생겨납니다.

불안이나 불만의 축적이 여유를 없앤다

어느 날 '항상 돈이 부족하다'며 고민하는 학생과 상담을 했었습니다. 수입이 어느 정도 있음에도 불구하고 말입니다. 고민을 들어보니 옷이나 소품을 충동적으로 사버린다는 것이었습니다. 사고 난 다음에는 바로 후회하고 말이죠.

본인은 매번 후회하고 싶지 않아서 참으려고 하는데도 순식간에 충동구매를 한다고 말합니다. 그건 그렇지요. 왜냐면 후회하고 자신을 나무라고 참고 스트레스 쌓이고 그렇게 약해진 상태에서 이 시장주의의 세상을 살아간다는 건 참 힘든 일입니다. 시쳇말로 봉이 되었다는 말입니다.

그래서 저는 한 가지 충고를 했습니다. '나는 지금 있는 옷으로 충분하다'고 글로 써서 입으로 말해보세요. 또 지갑 속을 볼 때마다 '나는 백 엔밖에 없어도 충분하다'고 생각하는 버릇을 들이세요. 그러자 1개월 후에 그 학생뿐만 아니라 주변에서 듣고 있던 학생들도 말했습니다.

"쓸데없이 사지 않게 되었습니다."

게다가 "돈도 모이고 쇼핑이 이전보다 재미있어졌습니다"라고 말하는 것이었습니다.

자신의 의지로 여유 있는 쇼핑을 한다면 후회는 하지 않습니다. 날뛰는 욕망은 원래의 자신이 아닙니다. 불안과 불만이 쌓였을 때 인간은 여유를 잃고 유혹에 쉽게 넘어갑니다.

세계를 둘러보면 수입이 적어도 돈에 감사하고 충분하다는 사람도 있고 몇 백억이 있는데도 불안과 불만을 가지고 있는 사람도 있습니다. 돈의 양이 돈의 가치관을 만드는 것이 아닙니다. 먼저 돈의 가치관을 아름답게 정리할수록 그 후의 인생과 돈의 관계는 좋아집니다.

진정한 부자는 지금 자신의 손에 있는 돈이 충분하다고 감사하는 사람입니다. 수입이나 자산이 많다고 부자가 되는 것은 아닙니다. 자산이 100억 있어도 마음속으로는 부족하다고 생각하는 한 누구보다 빈곤한 것이 아닐까요.

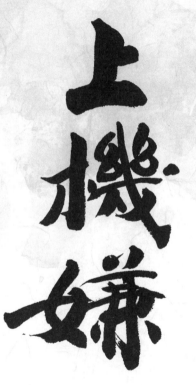

上機嫌

"자기 주변의 공기를 부드럽게 할 수 있다면
좋은 환경이 만들어집니다"

80
즐겁게 산다는 것

저는 인간의 면역 시스템에 관심이 많아서 다양한 책과 자료를 조사했습니다. 인간의 주변에는 항상 천문학적인 숫자의 적이 있습니다. 균, 쓰레기, 독소 등이 체내에 침입하면 적인지 아군인지 판별하는 세포가 적을 판단하고 바로 그것을 먹어버립니다. 상상을 초월하는 복잡한 시스템이 매일 작동하고 있습니다. 여유가 있을 때는 시스템이 정상적으로 작동합니다. 기의 흐름이 좋다는 증거입니다.

하지만 여유가 없거나 기가 혼란스러우면 시스템에 에러가 나기 시작합니다. 담당세포가 할일을 제대로 안 하거나, 반항하거나 의욕이 떨어지는 것이죠. 적이 계속 침입해서 체내에서 승리합니다. 기침과 재채기를 하거나, 열을 내며 항거해보지만 적은 체내에서 난동을 부립니다.

반대로 기운이 충분할 때는 시스템이 완벽하게 작동해 체내는 좋은 상태를 유지합니다. 밸런스를 유지하는 것이 가능하죠.

기운이 충만하도록 만드는 필요조건은 적당한 운동, 균형 잡힌 식사, 즐거운 마음, 감사하기입니다. 그리고 절대 잊어서는 안 되는 것이 좋은 기분을 유지하는 것입니다.

하루 중에 좋은 기분으로 있는 시간이 어느 정도인가에 따라서 면역력도 달라집니다. 좋은 기분일 때는 마음에 여유가 있고, 잘 웃고, 좋은 일을 끌어당깁니다. 다시 말해 좋은 순환이 계속됩니다. **'즐거운 기분'**으로 있는 것이 최대의 건강법입니다.

학생들을 보아도 항상 건강한 사람은 잘 웃고 기분 좋은 상태일 때가 많습니다. 그러니까 건강하고 교실 공기 자체가 밝습니다.

자기 주변의 공기를 부드럽게 할 수 있는 사람은 결론적으로 더 좋은 환경을 만들 수 있습니다. 다른 사람도 연이어 좋은 기분이 되는, 좋은 순환이 계속되는 것입니다.

즐거운 기분으로 있어야만 한다는 생각을 버려라

저는 《좋은 기분을 권장하라》는 책을 출간했습니다. 제 실제 체험을 통해서 좋은 기분이 얼마나 좋은 건지 전하는 책입니다. 그러나 모순인 것 같지만 항상 좋은 기분으로 있어야 한다고 생각해서는 안 됩니다. 매 순간마다 좋은 기분이어야 한다고 생각하면 더 초조해집니다.

마찬가지로 '나쁜 기분은 절대 안 돼! 용서할 수 없어'라고 생각하는 것도 초조해집니다. 기분 나쁜 자신도 용서할 수 없을 뿐더러 타인에게도 초조해져 버리기 때문입니다. 정말로 좋은 기분의 힘을 가지고 있는 사람은 주변에서 아무리 초조해도 마이너스 파장을 받지 않습니다. 그렇다면 어떻게 해야 할까요?

좋은 기분을 높이기 위해서는 타인의 나쁜 기분에 영향 받지 말아야 합니다.

모처럼 자신이 좋은 기분을 유지하고 있는데 다른 사람의 나쁜 기분에 일일이 초조해한다면 좋은 기분의 힘이 높다고 할 수 없습니다. 저는 다른 사람의 나쁜 기분을 받아들이기로 마음먹었습니다. 그러자 아내나 아이들이 기분이 좋거나 말거나 전철 안에 기분 나쁜 사람이 있건 없건 상관없이 좋은 기분을 유지할 수 있었습니다.

갑자기 어려운 말일지도 모르겠습니다만 기분 나쁜 일을 받아들이기로 마음을 정하면 좋은 기분을 유지할 수 있다는 겁니다. 무슨 말이냐 하면 타인은 물론 자신의 나쁜 기분에도 휩쓸리지 않는다는 말이 되니까요. 여유가 없을 때는 유행가 가사처럼 오른쪽에서 왼쪽으로 흘려보낸다, 이걸 권합니다.

81
자신에게 **꽃**을 달아라

자기 긍정감을 높이는 것도 좋은 기분을 만드는 효과적인 방법입니다. 자기긍정은 과거의 성공 체험이나 자라난 환경에 따라 길러진다고 합니다. 누군가에게 칭찬 받는 것이 가장 좋지만 그런 사람이 없거나 쑥스러울 때는 자기가 자신을 칭찬하면 됩니다.

서예교실에서는 첨삭을 합니다. 가끔 빨간색 먹과 빨간 붓을 주고 자신이 쓴 것을 자신이 첨삭하도록 합니다. 그러면 대부분의 학생들은 정정만 하고 자신이 잘했다는 뜻의 동그라미를 그리지 않습니다.

사람에 따라서는 "동그라미를 그려주세요"라고 말해도 "무리입니다", "동그라미 그릴 것은 없습니다"라면서 그리지 않는 경우도 있습니다. 그건 사람들이 지닌 특유의 행동일까요. 자신을 칭찬하는 일이 부끄러워서 자신에게 동그라미를 거의 붙이지 않는 것입니다. 그런 분위기를 느끼면 자기가 쓴 글에 강제로 동그라미를 그리도록 합니다. 그러면 부끄러워하면서도 사람에 따라서는 눈물을 글썽이거나 "

가슴이 뭉클합니다" 등의 반응을 보입니다. 주저 없이 자신을 칭찬할 수 있는 사람도 있지만 기껏해야 10% 정도일까요.

저는 좀 더 자신을 칭찬해 주어야 한다고 생각합니다. 그것은 서예 뿐만이 아닙니다. 평소에 여러 곳에서 청소를 깨끗하게 했을 때, 맛있는 것을 먹었을 때, 시간을 잘 지켰을 때 말이죠. 물론 모두 칭찬할 수는 없겠지만 적어도 하루에 한 번은 자신을 칭찬해 주기 바랍니다. 그것이 자기 긍정감을 높입니다. 그리고 좋은 기분을 높이는 결과도 됩니다.

82
즐기는 **비결**

논어에도 즐기는 것의 대단함이 언급되어 있습니다. 하지만 우리들은 즐긴다는 깊은 뜻도 모르고 그 말을 가볍게 지나쳐 버립니다. 여가를 즐긴다는 것은 인생에 있어서 최고로 중요한 일입니다.

즐김으로써 얼마나 힘이 생겨나고 얼마나 사람이 행복해지는지 모릅니다. '즐겁다'에는 깊은 뜻이 있습니다. 다 같이 술을 마시고 떠들거나 콘서트를 즐기는 것도 좋습니다. 다만 그것은 극히 일부일 뿐 일상생활 속에서 어느 정도로 깊이 즐기느냐가 중요합니다.

즐기는 요령은 **'즐거운 기분으로 모든 것을 대한다'**는 것입니다.

당연한 것처럼 들리지만 사실은 깊은 뜻이 있습니다. 다시 말하면 즐거운 일이 일어나는 것을 기다리는 게 아니라 먼저 즐거운 기분이 되어서 모든 것을 대하는 것입니다. '뭐 재밌는 일 없을까'가 아니라, '재미있다 그러니까······' 이런 느낌입니다. 만약 즐거운 기분이 먼저 일어났으면 인생이 어떻게 될까 상상하는 것만으로도 굉장합니다. 그러면 그렇게 되기 위해서는 어떻게 하면 좋을까요. 맞습니다, 즐겁다는 말을 하면 됩니다. 근거도 없이 '즐겁다'고 말하면 인터넷 검색엔진처럼 모든 사건 사실 중에서 즐거운 일을 검색하도록 인간의 뇌는 만들어져 있습니다.

또 일을 즐기기 위해서는 업무 이외의 시간을 어떻게 보내는가도 중요합니다. 다시 말해서 아침에 일어나서 직장에 도착할 때까지 시간을 어떻게 보내고 있습니까. 아침에 독서를 즐기고, 아침식사를 즐기고, 나갈 준비를 즐기거나, 출근 시간을 즐기고 있습니까. 만일 그게 가능하다면 당연히 업무도 즐기는 힘이 몸에 배겠지요.

83
입꼬리를 5mm만 올려라

마음이 불안할 때, 표정이 굳어 있을 때, 시선이 안정되지 않을 때, 호흡이 얕을 때, 우울할 때. 그럴 때 표정은 어떻습니까. 입꼬리는 내려가고 시선도 아래를 향하고 있지 않습니까.

반대로 **태도를 바꾸면 마음도 바뀐다는 것**이 증명되었습니다. 입꼬리를 올리고 위를 향하여 깊은 호흡을 하는 것만으로 마음에 희망의 빛이 켜집니다. 등을 쭉 펴고, 어깨를 내리고 가슴을 펴고 당당하게 걸으면 금방 바뀝니다. 누구라도 그렇게 됩니다. 그것도 지금 바로 실행해봅시다.

그러니까 이 방법은 가장 간단하게 인생을 바꿀 수 있습니다. 시험 삼아 "어떡하지?"라는 말을 해봅시다.

① 어두운 표정으로 등을 구부리고 한숨을 쉬면서 말해 봅니다.

② 밝은 표정으로 위를 보면서 말해 봅니다.

①과 ② 둘의 차이에 깜짝 놀랄 겁니다.

가장 간단하게 인생을 바꾸는 방법

등을 쭉 펴고 손을 힘차게 흔들면서 당당하게 걸어가면 사람은 고민이 생기거나 어두워질 수가 없습니다. 반대로 아래를 보면서 어두운 표정으로 한숨을 계속 쉰다면 밝고 긍정적인 기분이 되지 않습니다.

다시 말해서 태도와 기분은 밀접한 관계가 있습니다. 어두운 기분이니까 터벅터벅 걷는다. 밝은 기분이니까 당당하게 걷는다. 그렇게 생각하기 쉽지만 반대로 걷는 태도나 호흡의 방법 또는 말투와 자세를 바꾸면 기분도 바뀝니다.

결국 **태도를 바꾸어라!** 이것이 가장 간단하게 인생을 바꾸는 방법입니다. 그리고 보니 이전에 서예교실에서 흥미로운 질문을 하는 학생이 있었습니다. 왜 노숙자는 모두 터벅터벅 걷는 것일까요?

저는 정신이 번쩍 들었습니다. 그리고 보니 외국에서 본 노숙자도 일본의 노숙자도 대개 같은 걸음걸이를 하고 있었습니다. 분위기도 비슷하지요. 저런 걸음걸이를 하고 있는 사람이 노숙자가 된 것일까, 노숙자가 되면 저런 걸음걸이를 하는 것일까. 반대로 당당하게 가슴을 펴고 걷는 노숙자도 있을까.

일부러 실험해 보니 아주 흥미로웠습니다. 아래를 보면서 터벅터벅도 좋고 어깨를 들썩이면서 "비켜, 비켜"도 좋고 위를 보면서 당당하게 걸어도 좋습니다. 싱글벙글하면서 통쾌하게 걷는 것도 좋습니다. 실제로 여러 가지 걷는 실험을 하니 기분도 달라집니다. 그리고 보이는 경치도 달라집니다. 당신이 만약 기분이 처져 있으면 당신 자신의 태도나 표정을 바꿔 보세요. 인간은 가슴을 펴고 당당하게 걸으면서는 고민을 할 수 없다니까요.

특히 제가 강연이나 책에서 제안해 큰 반응을 일으키는 것이 '**입꼬리를 5mm만 올리는 것**'입니다.

양쪽 입꼬리를 5mm 올린 채로 10분간 걸으면 이미 기분이 달라진 것이 느껴집니다.

백 보를 걸어가면 익숙해집니다.

천 보를 걸어가면 다른 사람에게 뭔가를 해주고 싶어집니다. 만 보를 걸으면 당신의 씩씩함이 다른 사람에게 전염됩니다.

다만 한 가지 조심할 것이 있습니다. 너무 입꼬리를 많이 올리면 주변 사람들이 기분 나빠 할 수도 있습니다. 이 책을 읽으면서 지금 입꼬리를 5mm만 올려 보세요. 어떻습니까, 기분이 상당히 달라지지요!

84

의무감의 함정

'의욕이 생기지 않아, 올려야지'라고 매일 생각하는 사람이 많습니다. 어린아이들은 왜 저렇게 매일 기가 충만한 것일까요. 어렸을 때를 뒤돌아보면 하고 싶은 일로 머리가 가득했고 하고 싶은 것만 했으니까 의욕이 떨어지는 일도 기운이 없어지는 일도 없었지요.

그건 왜 그럴까요. 'ㅇㅇ를 해야지' 하는 의무감이 없어서입니다. 모든 것이 새롭고 즐거우니까 의욕이 넘치는 것입니다. 억지로 올릴 필요가 없는 거죠. 자연스럽게 올라가니까요.

어른이 되면서 '일어나야지', '옷 갈아입어야지', '일해야지', '치워야지', '기운을 내야지'라고 'ㅇㅇ해야지' 하는 일이 늘어갑니다.

머릿속에서 '해야지' 하는 일이 늘 때마다 의욕이 올라가지 않습니다. 다시 말하면 '무엇을 해야지'를 줄이면 의욕은 저절로 올라갑니다. 그러니까 'ㅇㅇ해야지'를 한 가지씩 한 가지씩 줄여가는 작업을 하는 것입니다.

'아침에 일어나고 싶어', '일하고 싶어', '이메일의 답장을 쓰고 싶어 설레인다', '납기일이 다가온 일을 어떻게 하면 감동적으로 마무리할 수 있을지 두근두근하다' 이렇게 바꾸어 보는 것입니다.

말의 힘만으로도 달라집니다. 매일매일 하고 싶어, 하고 싶어서 참을 수가 없어, 이런 생각으로 가득 찬 세계도 있지 않을까요. 다만 이것도 해야지 → 없애야지 → 모든 걸 즐겨야지 하는 순서로 하면 본말이 전도된 것이겠지요. 말도 안 됩니다.

일해도 되고 하지 않아도 된다

그건 그렇고 우리에게는 하루에 몇 개의 '해야지'가 있을까요. 우리들은 하지 않으면 안 되는 일로 하루가 끝나고 맙니다. 하지 않으면 안 되는 일로 인생이 파묻혀 버립니다. 쫓겨서 간신히 하고 있는 동안에 어느새 하고 싶은 일이나 정말 해야 할 소중한 일을 잊게 됩니다. 그러니까 우리들은 하고 싶은 일과 정말 중요한 일을 늘 의식적으로 생각할 시간이 필요합니다.

하루에 한 번은 생각할 시간을 갖도록 합시다. 저는 하루에 몇 번이고 생각할 시간을 갖고 있습니다. 그러자 한 가지 알게 된 것이 있습니다. 그것은 **해야 할 일을 하고 싶다고 생각하게 되면 최강**이라는 사실입니다.

다만 하고 싶다는 기분을 강요하면 오히려 괴로워집니다. 그런 분에게 권하고 싶은 방법은 일해야지를 '일해도 되고 안 해도 된다'처럼 중립으로 바꿔 말하는 것입니다.

'행복해져야지' → '행복해도 되고 행복하지 않아도 좋아'

'열심히 해야지' → '열심히 해도 되고 열심히 안 해도 좋아'

'밝게 즐겁게 기운을 내야지' → '조용하고 부드럽게 어느 쪽이라도 좋아'

다시 말하면 **"어느 쪽이라도 좋아"**라고 말함으로써 일단 집착에서 벗어나 중립상태가 됩니다. 그리고 어느 쪽이든 좋다는 느슨한 상태에서 자신이 선택하고 싶은 것을 고릅니다. '살 빼야지', '돈 벌어야지', '열심히 해야지', '웃어야지', 이렇게만 해서는 사는 게 힘듭니다. 그리고 역효과가 나는 경우도 많습니다. 그런 사람은 '어느 쪽이든 좋아'부터 시작해 보세요.

85
회사에 가고 싶어!

제가 회사를 그만두고 서예가가 되어 여러 사람들과 만나서 가장 놀라웠던 사실은 **세상에는 일을 즐기는 사람들도 있다는 사실입니다.**

직장에 다닐 때 저는 먹고 살기 위해서 일한다고밖에 생각하지 않았습니다. 그저 즐겁게 일을 하면 좋겠다는 정도의 생각밖에 없었습니다. 그러나 진심으로 일이 너무 좋아서 즐기면서 일을 하는 사람들은 이렇게 일을 하게 해주고 돈까지 받고 얼마나 행복한 일인가, 이런 말을 합니다. 눈이 번쩍했습니다. 그들은 무언가를 희생한 것이 아닙니다. 노동의 대가로 돈을 번다는 생각이 없습니다. 아주 즐겁게 했는데 돈까지 받아서 더 좋다니. 정말 놀랐습니다. 그들의 특징은 발산하는 에너지가 매력적이라는 것입니다. 그러니까 더 일거리가 생깁니다. 그래서 저는 일을 즐겁게 하면 좋겠다가 아니라 무슨 일이 있어도 즐길 거라고 결심했습니다.

제 꿈 중에 하나가 **'회사에 가고 싶어서 가는 아버지와 집으로 돌아**

오고 싶어서 오는 아버지를 늘리고 싶다'는 것입니다. 세계적으로 그러한 아버지를 늘리고 싶습니다. 회사에 가고 싶어서 가는 아버지를 보고 자란 아이와, 억지로 회사에 다니는 아버지를 보고 자란 아이는 얼마나 차이가 있을까요? 아이가 볼 때 회사는 미지의 세계입니다. 상상도 되지 않습니다. 만약 아버지가 회사나 일이 너무 좋아서 설레는 기분으로 매일 집을 나간다면 그걸 보는 아이는 사회나 직장이란 아주 즐거운 곳이라고 인식되겠지요.

반대로 싫은데 억지로 간다면 아이에게 있어서 사회나 직장은 힘든 곳으로 인식됩니다. 아이에게는 부모의 뒷모습이 커다란 영향력을 가진다고 생각합니다. 아이는 부모의 살아가는 모습을 똑똑히 보고 있습니다. 그러니까 세계의 비즈니스맨들이 진심으로 일을 즐겼으면 합니다. 설레면서 회사에 갔으면 좋겠습니 다.

직장이 너무나 즐거워요

지금 같이 일하고 있는 T씨라는 50대의 남자가 있습니다. 회사원인데 놀랄 정도로 일을 즐기고 있습니다. 그는 자주 **일이 좋아서 죽겠다**는 말을 합니다.

일을 즐기는 요령을 들어보았습니다.

- 스스로 즐거운 곳을 찾아간다.
- 사람과 만날 때에 자신의 이해득실을 따지지 않는다. 무조건 즐기고 즐겁게 한다.
- 주어진 일도 스스로 하는 일도 확실히 즐긴다.
- 즐기는 사람들에게 연봉, 지위, 직업, 성격은 관계없다.

이렇게 일을 즐기면서 하면 긍정의 소용돌이가 생깁니다.

- 즐기고 있으면 주위에서도 즐긴다.
- 즐기면서 하면 즐거운 사람이나 일이 계속 온다.
- 즐기면서 하면 예상보다 큰 행운이 굴러온다.

일을 즐기면서 하는 사람과 일을 억지로 하는 사람과는 몇 년 후에 얼마나 차이가 날까요.
회사에 가고 싶어 가고 업무는 확실하게 즐기고 그런 매일을 보냅시다.

86
이른 아침을 즐겨라

저는 이전에는 아침에 일어나는 것이 힘들었습니다. 어느 날 '매일 일어나는데 아침이 힘들다니 대단히 안타깝다'는 생각이 불현듯 들었습니다. 그래서 저는 마치 록키처럼 잘 일어날 때까지 노력해 보기로 결심했습니다.

- 자기 전 아침에 상쾌하게 일어나는 상상을 하면서 잔다.
- 아침에 잘 일어난다고 거짓말을 한다.

이 두 가지 방법을 실천했습니다. 결론부터 말하자면 극복했습니다. 아침에 자신이 생겼습니다. 극복할 때까지 걸린 시간은 7일입니다. 맞습니다. 단 7일 만에 극복한 것입니다. 이십몇 년 동안 아침에 일찍 못 일어난다고 생각하고 있었는데, 단 두 가지만 일주일 반복했을 뿐인데, 아침에 저절로 눈이 떠지고 컨디션도 좋습니다.

물론 지금도 계속하고 있습니다. 자기 전에 하는 생각이 다음 날 아침 일어나는 데 영향을 미칩니다.

'아, 내일도 일 나가야 되네'라든가 '아침에 일어나면 춥겠지'. 이런 생각을 하면서 잠들면 반드시 아침에 다운됩니다. 자기 전에 **내일 아침은 맛있는 커피 한잔 하고 좋아하는 책이라도 좀 읽을까♬** 이런 생각을 하면서 잠들면 신기하게도 거뜬하게 일어납니다.

다만 자기 전에 하는 부정적인 생각은 나도 모르게 강렬한 습관으로 뇌 속에 찰싹 달라붙어 있으므로 간단하게 긍정적으로 변화시키는 건 어려울지도 모릅니다.

그러나 자기 전에 아침을 긍정적으로 맞는 상상을 조금씩이라도 해보는 습관으로 바꿔 보지 않겠습니까. 제가 10여 년간 계속하고 있는 자기 전의 습관은 다음과 같습니다. 먼저 가족과 부모님께 감사하고, 그날 만난 사람들의 얼굴을 생각하면서 감사하고, 먹은 것에 감사하고, 아침부터 마음껏 즐길 거야! 이런 상상을 하고 잠자리에 듭니다. 예전에는 그렇게 아침시간이 힘들었는데 지금은 아침이 너무 좋아졌습니다.

또 일어나는 방법도 항상 지킵니다. 아침에 눈을 뜨면 몸을 일으킵니다. '눈을 뜨고부터 일어설 때까지'가 문제입니다. 눈을 뜨는 순간부터 승부가 시작됩니다. 먼저 새소리를 듣거나 가족의 자는 얼굴을 가만히 보기도 합니다. 마지막은 몸을 일으키는 방법입니다. '어느 손을 짚고 어떤 자세로 어떤 속도로 몸을 일으킬까? 자! 오늘은 아주 천천히 일어나보자' 이런 식입니다. 아침에 이렇게 일어나는 법을 즐기게 되면서부터 이전보다 더욱 하루의 흐름이 좋아진 것 같습니다. 제가 언제나 아침부터 기운이 넘치는 것도 이렇게 일어나는 방법 때문인지도 모릅니다.

　부인에게~. 아침부터 기운이 넘쳐 미안합니다.

87
게임처럼 즐겨라

제가 초등학생일 무렵 게임기가 등장해 저는 거기에 푹 빠져 놀았습니다. 너무 재미있어서 시간 가는 줄도 모를 정도였습니다. 지금은 게임을 전혀 하지 않지만 매일 다른 게임을 하고 있습니다. 그것은 매일 혼자서 즐기는 게임입니다. 먼저 아침에 일어날 때부터 게임이 시작됩니다.

- 얼마만큼 일어나는 일을 즐기나 하는 게임.
- 얼마만큼 좋은 목소리로 안녕하고 가족에게 말할 수 있는가 하는 게임.
- 세수할 때 얼마만큼 감동하는가 하는 게임.
- 아침밥을 얼마만큼 감사하면서 먹느냐 하는 게임.

이런 식입니다. 이런 이야기를 하면 보통 사람들은 못 따라 한다고 합니다. 하지만 해보면 재미있습니다. 게임이니까 의무감 따위는 없고 오직 즐거움과 감사가 솟아납니다. 그러니까 아침부터 의욕이 자연스럽게 올라갑니다. 무엇보다 기분이 좋습니다.

저는 초등학교 시절 수업 중에 창문 커튼이 바람에 흔들리는 움직임을 보며 감동을 받았습니다. 그리고 커튼의 흔들림에 따라 얼마만큼 몸을 맞추어 흔드냐를 겨루는 몸 흔들기 게임을 고안해 냈습니다. 아주 조용한 놀이지만 의외로 질리지 않았습니다. 그렇게 저는 여러 가지 놀이를 고안해냈습니다.

문제도 게임으로

그것은 40대가 된 지금도 변함이 없습니다. 초조할 때 과연 몇 분이 지나면 이 마음이 완전히 없어질까 하는 게임을 합니다. 이것은 의외로 어려운 게임입니다. 하지만 초조함을 인식하고 게임을 시작하면 점차 초조함이 사라지는 걸 느낍니다. 그리고 여느 때보다 빠른 속도로 초조함이 사라졌을 때는 브이(V) 포즈를 취합니다. '초조한 애, 너 졌지!' 이런 식입니다.

그 덕분에 같은 일로 매번 초조하게 되는 일은 거의 없어졌습니다. 예를 들면 예상치 못한 교통 정체라든가, 편의점 계산대에 길게 늘어선 줄이든가, 그런 일로 초조해하지 않게 되었습니다. 아니 완전히 없어진 것은 아닙니다. 하지만 초조란 녀석을 상당히 빠른 속도로 무찌를 수 있는 기술을 터득했습니다.

그러고 보니 게임 세계에서는 문제를 즐기는데 현실세계에서는 즐길 수가 없는 것일까요. 현실에서도 문제를 즐기려면, 문제가 발생했을 때는 '게임 시작'이라고 생각하면 됩니다.

예를 들어 도로가 정체라면 잘 아는 문제가 발생한 것입니다. 머릿속에서는 음악과 함께 게임이 시작됩니다.

'자, 정체 구간을 최단 시간에 빠져나간다' 이런 느낌으로 문제를 즐깁니다. 이 세상은 생각한 대로 되지 않는 일이 참 많습니다. 그때마다 초조해하면 힘들죠. 참고 견디기만 하면 스트레스가 쌓입니다. 그렇다면 **'문제를 게임처럼 즐기는 것도 작전'**입니다.

싫어하는 일이지만 게임이라고 생각하면 신기하게도 힘이 솟아납니다. 원래 게임을 하다 보면 굉장히 강한 적이 나오기도 하고 함정이 나오기도 합니다. 실로 문제투성이랍니다. 문제가 있으니까 오히려 재밌는 것이지 문제가 없다면 재미없습니다. 그러니까 게임처럼 문제를 즐긴다면 문제 해결에 최고겠죠.

88
다름을 즐겨라

　예전에는 그 사람과 같은 점이 있을 때만 기뻐했습니다.

　하지만 **'다른 것이 재미있다'**고 생각하자 인생이 달라졌습니다. 조금만 들여다보면 완벽한 사람은 없고 누구나 특유의 모양을 갖추고 있습니다. 어느 순간 '아, 나랑 전혀 달라' 하고 눈치 채는 것이 얼마나 내 인생의 양념 같은 역할을 하는지 모릅니다. 나 자신의 시야를 넓히고 높여 줍니다.

　그렇게 생각하니 인간관계가 갑자기 편해졌습니다. 그리고 모양이 저마다 달라도 좋다고 자신도 다른 사람도 인정하게 되었습니다.

　저는 학생들이나 직업상 알게 된 분들에게서 양육에 관한 고민이나 부부 간의 고민들을 많이 모아봤습니다. 그러자 하나의 공통점이 발견됐습니다.

　그것은 **'다름을 받아들이기'**입니다. 상대방의 이런 부분이 이해가 안 돼, 용서할 수 없어, 있을 수 없어, 생각할 수도 없어……. 이처럼 남자와 여자에게는 많은 차이가 있습니다. 우리 아들이 야한 책을 모으고 있었어요 글쎄! 그런 일로 심각하게 고민하는 어머니도 있었습니다. 남자라면 누구나 거쳐 가는 길이죠.

제 남편은 얘기를 제대로 들어주지 않아요. 남자는 원래 다른 사람 말을 안 듣지요.

제 남편은 항상 물건을 찾고 있어요. 우리 아들은 거짓말을 잘해요. 제 와이프는 자주 화를 내요…… 등등 끝이 없습니다.

인간이니까 흔히 있는 일이고 당연한 일인데 왠지 용서할 수가 없는 것입니다. 각각의 고민은 그 사람 특유의 문제가 아닙니다. 남녀의 본질이거나 본능임에도 불구하고 화를 내거나 용서할 수 없다는 경우가 많습니다. 다시 말해서 다르다는 것을 받아들일 수가 없는 것이죠. 반대로 '남녀가 다른 것이 당연해! 다르니까 우리들은 서로가 발전한다!'고 전환할 수 있다면 부부 간, 부모자식 간에 일어나는 문제의 대부분은 말끔히 해결됩니다.

인간은 모두 다르다, 어긋나 있다, 그러니까 성장이 가능하다, 서로가 발전할 수 있다.

그렇게 생각하면 최고입니다. 내가 다른 사람의 시각, 사고방식이나 가치관의 다름을 발견했을 때 '싫다'고 생각하느냐, 아니면 '배울 점이 있다, 성장할 수 있다'고 생각하느냐에 따라 커다란 차이가 생겨납니다.

다른 점을 부정적으로 받아들이느냐 긍정으로 받아들이느냐에 따라 그 사람의 인생은 크게 달라집니다. 인간관계는 서로 다름을 얼마나 나의 성장요소로 바꾸어 받아들이느냐가 관건입니다. 다른 점을 즐긴다면 인간관계가 점점 좋아집니다.

제11장

주는 것

"성공한 사람들, 훌륭한 사람들은
자신이 무엇을 줄 수 있는지를 먼저 생각합니다"

89

일단 먼저 주어라

"준다는 것은 최고의 기쁨이다. 다른 사람에게 기쁨을 주는 사람은 그 일로 인해 자기 자신의 기쁨과 만족을 얻는다."

월트 디즈니는 말했습니다.

뭔가 받았을 때는 보답합니다. 보답으로 나도 줍니다. 이것은 흔한 일입니다. 역시 최고의 기쁨을 얻기 위해서는 자기가 주는 것이 중요한 게 아닐까, 저는 생각합니다.

"인생은 가위바위보"라고 저는 자주 말합니다. 상대에게 뭔가 원하는 것이 있어도 먼저 자신이 무얼 주면 될까 생각합니다. 그렇게 먼저 줄 수 있는 것을 주는 것입니다. 그리고 주는 것을 기뻐합니다. 그럴 때 무언가를 희생해서까지 주지 않아도 됩니다. 지금 가지고 있고 줄 수 있는 것 중에서 주면 됩니다.

희생할 필요는 없습니다. 그저 활기찬 인사라도 좋고 짐을 들어준다거나 아주 작은 것이어도 좋습니다. 물론 큰 것을 주는 것이 기쁘다면 커다란 것을 주어도 괜찮습니다. 내가 기쁘게 해주어서 상대방이 기뻐하고, 상대방이 무엇인가를 답례로 주면 깊이 감사하고 그런 흐름입니다.

내가 먼저 내는 가위바위보처럼 상대도 곧바로 호응하니 늘 주고 있으면 좋은 일이 계속 생깁니다. 깜짝 놀랄 정도로! 왜냐하면 주는 것 자체가 기쁨을 주는 것이라 우선 그 지점에서 즐겁습니다. 그것을 상대방이 받아줘서 좋아한다면 더욱 기쁘겠지요. 나중에 내는 가위바위보보다는 먼저 내는 가위바위보입니다.

직장 일도 그렇습니다. 실패하지 않으려고 또는 화낼까봐…… 이런 기분으로 일을 시작하는 것보다 '이 일로 도움이 되고 싶다' 이런 기분으로 시작하는 것이 힘이 납니다. 그것도 '모두가 행복해지도록!' 이런 기분으로 업무를 시작하면 힘이 날뿐만 아니라 점점 좋은 운을 끌어당깁니다. 자연히 결과가 쑥쑥 올라갑니다.

뭘 하더라도 내가 먼저 합시다. 가위바위보 하듯 주도형이 됩시다. 내가 먼저 주는 겁니다. 주는 것을 즐기는 겁니다.

그렇게 하면 보답을 바라지 않을 뿐만 아니라 더 주고 싶어집니다. 그렇게 되면 인생은 점점 좋은 방향으로 흘러가게 됩니다.

90

무엇을 줄 수 있을 것인가

제가 직장에 다닐 때의 일입니다. 동료들이 "월급이 좀 더 많으면 좋을 텐데", "회사가 사원들에게 이렇게 해줘야 된다"고 너무 당연한 듯이 말하는 사람들이 꽤 있었습니다. 저는 그런 생각은 대단히 위험하다고 느꼈습니다.

이를테면 부부관계에서 "아내는 나에게 더 주어야 된다"고 말하는 것처럼 '상대방이 자신에게 무엇을 줄 것인가'라고 생각하는 남편은 가정을 파괴해 가는 경향이 있다고 생각합니다.

아내가 자신을 위해서 무엇을 해주지 않는다.

회사가 자신을 위해서 아무것도 해주지 않는다.

나라가 자신을 위해서 아무것도 해주지 않는다.

부모님이, 아이들이, 상사가, 선생님이, 학생들이, 친구가, 연인이…… 이렇게 원하기만 하는 사람이 있습니다.

원하기만 하는 사람은 반대로 상대방에게 공헌했던 것일까요? 도움을 주었던 것일까요?

공헌의 정도는 적은 데도 요구만 하는 사람은 상대방 입장에서 보면 거북스러운 존재입니다. 그러니까 상대방의 태도를 경직시키고 그로 인해 더욱 불만이 쌓이는 마이너스 소용돌이에 빠지는 것입니다.

그렇게 되지 않기 위해서도 자신이 무엇을 받았는지 객관적으로 체크하는 습관을 들였으면 좋겠습니다.

예를 들어 보통 좋은 남편이라면 '나는 아내에게 무엇을 줄 수 있을까' 이런 생각을 항상 합니다. 마찬가지로 '나는 회사에 무엇을 줄 수 있는가?'라는 질문을 던지면서 행동하는 직원은 확실하게 발전합니다.

제가 만난 성공한 사람들, 많은 사람들에게 지지를 받는 사람들은 모두 **'자신이 사회에 무엇을 줄 수 있을 것인가?'** 이런 질문을 계속 가지고 있었습니다. 이처럼 간단한 일인데도 내가 먼저 무엇을 주겠다는 생각을 의외로 잊어버리기 쉽습니다. 언제부터인가 '왜 주변은 나에게 아무것도 주지 않는 것일까'라는 사고방식이 휩쓸고 있습니다. 그렇게 돼 버리면 마이너스의 소용돌이가 다시 시작되고 살아가는 것이 힘들어집니다.

'고통'의 반대는 '즐거움[樂]'입니다. 얻기 위해서는 '주는 것'이 가장 빠른 길입니다. 누구나 즐기고 싶고 괴로운 것은 싫어하지요. 즐기기 위해서도 여러 사람에게 주는 것이 압도적으로 효율적입니다.

91
주는 것과 대가의 관계

준다는 말을 희생이라고 여기는 사람이 있습니다.

주는 것과 희생은 다릅니다. 희생하지 않고도 주는 것은 얼마든지 가능합니다. 예를 들어 '필요 없게 된 물건을 그 사람에게 주었더니 아주 기뻐했다', 또는 '즐겁게 웃는 얼굴로 일을 했더니 어느새 분위기가 밝아져서 모두가 고마워했다'라는 것입니다. 이것들은 희생이 아니라 주는 것이죠. 공통점은 내 희생은커녕 상대에게 플러스가 된다는 사실입니다. 자신에게도 플러스이고 주변에도 득이 됩니다. 준다는 것은 그런 것입니다. 내가 주어서 기쁘고 받은 사람이 기뻐하니 기쁘고, 그렇게 감사받고 기뻐하면서 더욱더 주고 싶어집니다. 이 기쁨의 순환을 만들어가는 것, 자신과 모두가 행복해지는 흐름을 만드는 것이 '바르게 주는 것'이라고 생각합니다.

여기서 골치 아픈 것이 '보답'입니다. 힘들게 주었으니 뭔가 보답을 바라는 것은 인간의 정상적인 욕구입니다. 다만 보답을 의식한다면 '보답이 기대되지 않는 상대에게는 주지 않는 것'으로 응대합니다. 그래서 저는 차라리 보답을 기대하지 않는 방법을 권합니다.

먼저 자신을 하나의 컵이라고 생각합시다. 컵에는 물이 들어 있습니다. 그 물이 흘러 넘친 만큼만 사람들에게 준다면 보답은 필요 없습니다. 왜냐하면 넘치는 물이니까 역으로 내게 남는 것을 받아주니 기쁘겠지요. 예를 들면 이사할 때 필요 없어진 물건을 받아주는 것과 비슷합니다. 주는 쪽도 받는 쪽도 기쁜 상태지요.

하지만 넘치지 않은 상태일 때 계속 주면 나도 힘들게 됩니다. 가장 중요한 것은 자신의 물이 넘치는 상태를 계속 유지하는 것입니다. 자신이라는 그릇이 커지면 들어오는 양도, 넘치는 양도 많아지므로 좀 더 큰 공헌을 할 수 있습니다. 분량이 넘치니까 나도 모르는 사이 사람들이 기뻐합니다.

물이 적을 때는 다른 사람보다 먼저 자신이 넘치는 상태가 되기 위해 움직입니다. 물이 넘치고 있으면 주려고 생각하지 않아도 나도 모르게 주게 됩니다. 인간이란 그런 존재입니다. 사람[人]을 위해서[爲]라고 쓰고 위(僞, 거짓 위)라고 읽습니다. 다른 사람을 위해서 무리하게 애쓰는 것보다 넘치는 상태를 얼마나 만들 수 있나가 중요합니다.

92

보답을 구하는 방법

인간은 조그만 일이라도 보답을 기대하는 존재입니다. 예를 들면 내가 인사를 했는데 받아주지 않을 때, 좌석을 양보했는데 감사의 표현이 없을 때 당황합니다. 이처럼 해주었는데도 상응한 보답이 없으면 약간 실망을 합니다.

그럼 어떻게 하면 좋을까요. 정답은 '보답을 기대하지 않는 것이 가장 좋다'입니다. 그러나 보답을 기대하지 않는다는 건 상당히 어려운 기술입니다.

그래서 제가 권하는 방법은 이렇습니다. 보답을 기대하지 않는 것이 무리이니 **'보답을 받는 것은 나중으로 미루자'**는 겁니다. 음덕을 쌓자는 말입니다. 보답을 바로 기대하니 문제가 생기는 것 같습니다. 이를테면 '자리를 누군가에게 양보했으니 혹시 일주일 후에 누군가에게 자리를 양보 받을지도 몰라'라고 생각하는 것입니다. '선물을 주었으니 일주일 후에 누군가에게 선물이 올지도 몰라' 이렇게 생각하는 것입니다. 혹시 돌아오는 시점은 1개월 후나 1년 후가 될지도 모릅니다. 대개 조그만 선물이라면 보답 같은 것은 1주일만 지나면 잊어버립니다.

다시 말해 바로 그 상대가 보답을 한다고 생각하지 말고 언젠가 다시 만나면 다른 모습으로 뭔가 좋은 것이 돌아온다고 생각하는 겁니다.

이 정도로 여유 있게 보답을 기다리면 마음도 편안해집니다. 보답을 기대하는 마음만큼은 쉽게 버리지 못하는 것이 인간입니다. 왜냐하면 상대가 기뻐할 것이라고 생각하고 한 일인데 기뻐하지 않으면 정말 안타깝죠. 그러니까 실망감에 사로잡히지 않도록 다음을 기약하는 것입니다. 보이지 않는 곳에서 좋은 일을 베풀면 반드시 훗날 보답을 받게 된다고 하니 그렇게 되면 좋겠지요.

상대에게 뭔가를 줄 때는 세 가지를 지켜봅시다.

① 먼저 즐거운 마음으로 줄 것

② 감동적일 것

③ 상대의 기분을 살필 것

이 세 가지를 소중히 하는 것만으로도 보답을 기다리는 마음은 줄어들겠지요. 반대로 의무적으로 상대의 기분을 살피지 않았다면 보답에 목을 매는 사람이 되겠지요. 보답을 기대하지 않는 인생이라면 얼마나 편안해질까요.

93
공헌의 효과

어느 조사에 의하면 **'연수입이 낮은 사람들의 공통점은 일하는 목적이 연봉'**이라는 결과가 나왔습니다. 사실 연봉이 가장 큰 목적이라고 생각하는 사원을 고용하고 싶다는 경영자는 드물 것입니다. 반대로 목적을 바꾸면 수입이 달라진다는 말이 맞을까요. 제가 회사를 그만두고 서예가로서 독립했을 때는 빚도 몇백만 엔이 있었습니다. 흔히 말하는 빈곤 생활의 시작이라서 어떻게든 돈을 벌어야 한다는 생각이 강했던 것 같습니다.

그런데 의욕과는 달리 잘 안 됐습니다. 돈을 벌어야겠다고 강하게 생각하는 사람에게 일을 맡기려고 하지 않으니까요. 그래서 저는 길거리 서예의 경험을 거쳐 일의 목적을 바꾸어 갔습니다.

그것은 확실하게 일 자체를 즐길 것, 즐겁게 일할 것 그리고 인류에 크게 공헌할 것. 이런 목적으로 일에 대한 생각이 변화되었습니다.

수입은 물론 중요하지만 우선순위를 상당히 낮추었습니다. 그러자

신기하게도 일거리가 들어오기 시작했습니다. 다시 말해서 '어떤 사람에게 일을 맡길 것인가?'처럼 상대방의 시점으로 바라보면 잘될 거라 생각합니다.

인기 있는 사람은 공헌하고 있다

공헌하는 사람에게는 공헌이 돌아온다는 법칙이 있죠. 잘 생각해보면 당연합니다. 사람은 자신에게 도움을 준 사람에게 보답하고 싶어집니다. 공헌하는 만큼 은혜가 자신에게 돌아온다는 것이죠. 그러니 공헌과 반대의 사고방식을 가진 사람은 이득이 달아나는 것입니다. 은혜가 오지 않는 것입니다.

공헌과 반대의 생각이란 뭘까요? 이를테면 어떻게 하면 봉급이 오를까. 자신을 인정해주었으면. 저 사람 뻔뻔해. 뭐 얻을 건 없나. 이렇게 생각하는 버릇입니다. 공헌 의식이 몸에 밴 사람은 회사에서도 가정에서도 내가 무엇을 하면 상대가 좋아할까? 뭔가 줄 것이 없을까? 이런 것이 머릿속에 가득 차 있습니다.

그런 사람에게 은혜는 결국 옵니다.

예를 들어 인기 있는 사람도 그렇죠. 인기 있는 사람은 공헌 의식이 높고 항상 공헌하고 있습니다. 그렇다고 해서 이성에게 모든 것을 바치고 있다는 의미는 아닙니다.

인기가 있는데 이성에게 인기 있는 것이 아니라 동성에게도 인기가 있거나, 폭 넓게 인기가 있거나, 비명을 지르거나, 어느 특정한 사람들이 광팬이 되는 경우가 있습니다. 진짜 인기라 칭해도 되겠지요. 사람[人]의 기(氣)라는 뜻에서 인기(人氣)라 합니다. 사람의 기가 모여드는 것을 인기라고 하죠. 젊었을 때는 얼굴이 잘 생겼다거나 운동신경이 발달해서 인기가 있습니다. 하지만 어른이 되면 인기를 끄는 요소들이 더 풍부해집니다.

남을 배려한다거나 그릇이 크다거나 수입이 많거나 일을 잘하거나 종류는 많습니다. 가족에게 공헌한다면 가족에게도 인기가 있겠지요. 사회에 공헌한다면 사회로부터 인기가 있겠지요. 결국 '인기 = 공헌도'라는 사실을 알 수 있습니다. 자, 이제부터 자신의 공헌력을 늘려볼까요.

94
다른 사람의 **행복**을 빌어라

성공했고 나아가 행복한 사람들의 중요한 공통점을 한 가지 발견했습니다. 그것은 **'다른 사람의 행복이나 성공을 빌고 있다'**는 것입니다.

가령 라이벌이거나 친척이거나 친구이거나 자신 이외의 모든 사람의 행복과 성공을 순수하게 생각하는 것입니다. 다른 사람의 실패나 불행을 원하면 자신의 파장도 떨어져 함께 불행해지기 마련입니다. 그래도 갑자기 마음을 바꿔먹는 건 무리라고 하는 사람도 있습니다. 일단 말로 해봅시다.

"저 사람이 행복해지도록, 저 사람이 성공하도록."

다만 구체적으로 실천이 잘 안 되는 분은 이렇게 해보세요. 먼저 당신이 오늘 실제로 이야기한 사람에 대해서 한 번이라도 좋으니까 눈앞에 있는 사람의 행복과 성공을 상상해보세요. 그러면 웬일인지 자신의 마음이 아주 평온하게 충족되어 가는 것을 느낄 수 있습니다. 하루에 직접 이야기를 나누는 사람의 수는 한정되어 있습니다. 꼭 오늘

내일 마음속으로 지인의 행복과 번영을 상상해보세요.

또 다른 사람의 성공이나 행복을 보고 어떻게 느끼는가에 따라 지금 내 마음의 상태를 알 수 있습니다. 만일 건강한 마음 상태이면 다른 사람의 성공이나 행복을 축복하고 거기에서 뭔가를 배우려고 합니다.

반대로 마음의 건강 상태가 나쁘면 질투가 불타올라서 초조하거나 끈적끈적한 시기심이 분출합니다. 질투의 소용돌이 속에 있는 인간은 본인이 자각하지 못하는 경우가 많습니다. 설마 자신이 질투하고 있다고는 생각하지 않습니다.

그것이 무서운 점입니다. 어느 쪽 상태가 좋은지는 말할 필요도 없겠지요. 다른 사람의 성공이나 행복을 진심으로 축복할 수 있는 마음으로 살아가면 좋겠습니다. 그리고 그런 상태로 살기 위해서 가장 필요한 것은 자기 자신을 사랑하는 것입니다.

자신의 인생을 축복할 수 있는 사람은 타인을 축복할 수 있습니다.

95
다른 사람을 즐겁게!

저는 삼형제 중 장남입니다.

구마모토의 우리 집이 서예교실을 운영해서 형제 세 명이 다 어릴 때부터 서예를 했습니다. 이렇게 말하면 선생님인 어머니에게 엄하게 글을 배워서 지금에 이르렀다 이렇게 생각하는 분도 많겠지만 그렇지는 않았습니다. 어머니는 댄스도 했습니다. 발레복을 입고 붓을 씻고 계셨던 적도 있었습니다. 붓글씨를 어려워하지 않고 더 가볍게 친해지도록 놀이처럼 보여주려 하셨던 것이라 생각됩니다. 그러므로 형제 중 누구도 어머니의 뒤를 이으려는 생각은 없었습니다. 저는 NTT에 취직하고 둘째는 법률 계통의 직업을 택했습니다. 셋째는 중학교와 고등학교 시절에도 붓을 잡는 일이 없었습니다.

그러나 어머니의 서예교실에 다녔던 학생들은 정말 즐거워 보였습니다. 그 영향 때문인지 결국 세 명 모두 서예교실 선생님이 되었습니다. 저는 가나가와 현에서, 둘째는 교토에서, 셋째는 도쿄의 고코쿠

지에서 각각 서예교실을 하고 있습니다.

어머니라는 한 스승님을 모셨음에도 불구하고 우리들의 서예교실 스타일은 전혀 다릅니다. 저의 교실은 엔터테인먼트, 둘째는 도장 즉 수행의 장, 셋째는 서예기술을 철저하게 갈고 닦는 장소로 운영하고 있습니다. 깜짝 놀랄 정도로 다릅니다. 같은 유전자임에도 불구하고 말이죠.

그러나 서로 존경하고 있습니다. 자신만이 할 수 있는 것을 고안해 적극 활용합니다. 그것이 공통점일지도 모릅니다.

무엇보다 똑같은 공통점은 학생들을 즐겁게 해주는 것을 좋아한다는 것입니다. 이것은 다케다 가문 유전자의 최대 특징입니다. 부모님 두 분 다 엄청난 분위기 메이커였습니다. 방법은 달라도 학생들을 위해서라는 신조는 같았습니다.

삼형제마다 자신이 가진 지식, 성격, 기술을 최대한 살리는 것을 고민하고 모색하면서 도달한 것이 지금의 각자 스타일입니다. 저의 교실에서 많은 선생님이 배출되었고 그분들 모두 자신의 개성을 마음껏 발휘해서 빛나고 있습니다.

'학생들을 즐겁게 다른 사람을 즐겁게.'

이 생각이 바탕에 놓여 있기 때문에 줄기가 뻗어가고 가지가 풍성해진다고 생각합니다. 서예 덕분에 행복한 연쇄 소용돌이가 일어나고 있습니다. 이 모두가 처음 씨앗을 뿌린 어머니 덕분입니다. 이 자리를 빌려 스승님 정말 감사합니다.

또 서예에게도, 학생들에게도, 형제들에게도 매일매일 감사합니다. 고맙습니다.

마치며

마지막까지 읽어주셔서 감사합니다. 《긍정의 교과서》는 어떠셨습니까. 이 책을 읽는 당신과의 인연을 기쁘게 생각합니다. 저도 많은 선택 끝에 인연이 있어 이 책을 낼 수가 있었습니다. 그리고 당신이 인생에서 셀 수 없이 많은 갈림길을 하나하나 선택해오는 도중에 당신과 저의 생각이 이 책을 통하여 만났습니다. 얼마나 아름다운 일입니까, 감사합니다.

긍정이라고 하면 '뒤는 보지 말고 앞만 보고 가라'와 같은 이미지를 가지는 일도 많습니다. 하지만 그렇게 하면 균형이 깨지고 맙니다. 안정되고 질 좋은 긍정을 위해서는 앞만 보는 것이 아니라 다양한 면을 보면서 받아들이고 흘려버려야 합니다. 그렇게 풍부한 정신을 가지고 앞으로 나가는 힘이 필요합니다.

긍정은 타고난 성격처럼 미리 정해지는 것이 아닙니다. 하나의 기술이라고 저는 생각합니다. 서예와 같이 기술을 배우고 습관으로 만

들면 누구나 기분 좋게 할 수 있게 됩니다.

긍정이란 것은 기술이므로 순수하게 대화하고 습득해가면 누구나가 인생이라는 길을 즐기면서 나갈 수 있습니다. 서예도 다른 스포츠도 마찬가지입니다만 한 가지 동작을 수만 번 반복해야 자연스럽게 하게 됩니다. 그러니까 꼭 《긍정의 교과서》를 읽고 이해했다고 생각해도, 몇 번이고 반복해서 실천하기를 바랍니다. 가능하면 몇 번이고 읽어서 복습과 실천을 반복해 주시기 바랍니다.

제 스스로도 이 책에 쓴 긍정 습관을 지겹도록 반복해 왔습니다. 이전에는 긍정적으로 생각하는 것이 힘들었습니다. 부정적으로 생각하기는 쉽지만 긍정적으로 생각하기는 하려고 해도 어렵게 느껴졌습니다. 왜냐하면 기술을 몰랐기 때문입니다. 어느 날 '그렇구나! 긍정적인 생각도 기술이다'라는 걸 깨닫고 정신없이 선인들의 가르침을 배웠습니다. 불교나 유교 등 과거의 위인들부터 현대의 책까지 말입니다.

그리고 다양한 사람들을 만날 때마다 질문을 던졌습니다. "삶에서 어떤 긍정적인 것을 가지고 살아가겠습니까?"라고 말입니다. 그분들 중에는 소위 사회적으로 성공한 사람뿐만 아니라 동네 아저씨 아주머니도 있습니다. 여러 각도에서 긍정에 대해서 탐구하고 얻게 된 감동을 전하고자 이 책을 펴냈습니다.

실제로 긍정적이지 못했던 내가 하루하루가 지날 때마다 자연스레 긍정이, 나아가 행복지수가 올라가는 기쁨을 체험했습니다. 정신이 안정되고 풍부해지는 만큼 일도 가정생활도 점점 잘 풀려 나가게 되었습니다. 제 주변에서 이 기술을 배워 실천하신 분들이 전하는 하루하루 감동의 목소리가 들려왔습니다. 저는 확신했습니다. 이것은 누구라도 가능하다는 것을 말이죠. 오랫동안 부정적인 습관에 젖어 있던 사람조차 서예처럼, 조금만 조언해 주고 수정하는 것만으로 단번에 아름다운 글씨가 되는 경우가 있습니다. 그렇게 해서 더 많은 사람들이, 매일 즐겁게 되어가고, 편안해지는 데 도움을 드리게 되겠지요. 자신 있게 만든 책입니다.

저는 서예가로서 독립했을 때부터 제 자신에게만 관심을 가졌습니다. 작품을 제작하고 있으면 때로는 벽에 부딪히고 그때마다 '나는 어디로 향하는 것인가?' 그런 생각을 품게 되었습니다. 그리고 '인류에게 커다란 공헌을 하려면 어떻게 하면 좋을까?' 이런 질문으로 바뀌어 왔습니다. 그러자 한 사람 한 사람의 긍정성을 높이는 것이 하나의 답으로 떠올랐습니다.

또한 서예가이자 말에 대한 전문가로서 말의 힘을 활용하여 인류의 행복지수를 높여가고 싶다는 결심도 품었습니다. 서예가로서 하루하루 의뢰를 받아 작품을 창작하는 중에 '말의 힘이 정말 대단하다'고 깜짝깜짝 놀라곤 했습니다. 그리고 인류가 그 힘을 살리지 못한다는 걸 알게 되었습니다.

지금 세계 인구는 70억 명을 돌파했습니다. 지구 탄생으로부터 아득한 세월에 걸쳐서 단세포에서 다세포로 그리고 인류가 등장했습니다. 인류는 산업혁명 후에 폭발적인 인구 증가를 가져 왔고 드디어 70억 명을 넘었습니다. 눈 깜짝할 사이에 100억 명에 도달하겠지요. 이 문명사회는 어디까지 발달해 나갈까요.

우리들은 상상을 뛰어넘는 편리함을 손에 넣었습니다. 그 대신 소중한 것을 잃어버리고 있습니다. 저는 인류의 지혜를 모으면 문명이 발달하면서도 환경에 이롭고 한 사람 한 사람의 행복지수가 올라가는 것이 가능하다고 생각합니다. 결국 문명의 발전과 인류의 행복과 지구의 균형은 공존할 수 있다고 생각합니다.

행복을 하루 중에 어느 정도 느낍니까? 감사하고 보답하고 싶은 빈도, 에너지, 그리고 여유, 행복의 완성은 없습니다. 점점 깊어집니다. 인류 전체의 행복이 깊어질 때마다 전체의 조화가 이루어지겠지요. 그러한 상상을 하면서 이 책을 썼습니다.

이 장을 빌려서 항상 긍정성을 단련시켜주는 가족과 학생들께 고마움을 전합니다. 그리고 마지막으로 읽어주는 당신, 다시 한번 고맙습니다.

파리로 향하는 비행기 안에서 사랑을 담아

다케다 소운

처음 이 책을 보았을 때는 그저 서점 한 코너를 차지한 긍정적 사고를 위한 많은 자기계발서 중 한 권이려니 생각했습니다.

그러나 읽어가면서 생각이 짧았다는 걸 직감했습니다. 행복체질로 바뀌면 정말로 행복해질 것이라는 다케다 소운 씨의 세계로 빨려들어갔습니다. 어느덧 '감사합니다'를 주문처럼 외우고 있는 나 자신을 발견하며 놀라는 요즈음입니다.

생각을 바꾸면 모든 것이 바뀐다는 이론은 익히 들어서 알고 있습니다. 하지만 정작 실천하지 못하는 바쁜 현대인에게 이 책은 행복지침서라는 생각이 듭니다.

이 책은 먼저 감사하는 마음에서 출발합니다. 남의 결점을 먼저 들추어내는 '결점 안경'을 벗어버리고 '감사 안경'을 쓰는 것입니다. 그리고 사물을 어떻게 받아들이는지, 인간관계는 어떻게 대처하면 좋은지, 불안과 초조는 어떻게 이겨내는지 힌트를 알려주고 그다음에 미래의 비전을 제시합니다.

이 책에서는 '행복해지기 위한 세 가지 간단한 기본'도 제시합니다.

1. 행복을 줄 것.
2. 행복하다는 사실을 인식할 것.
3. 행복하다고 말로 표현하고 행복한 태도를 취할 것.

또 행복의 원천이 되는 11가지 법칙을 알려줍니다. 뿐만 아니라 행복체질로 만들어가는 과정을 구체적인 예를 들어 보여줍니다. 실제로 해볼 수 있도록 친절하게 안내하고 있습니다. 특히 인간관계에서 피하고 싶은 사람, 싫은 사람을 대하는 법을 알려주는 게 인상적이었습니다. 하는 데까지 노력해 보다가 정 안 되면 우주로 부정적인 생각 자체를 날려버리는 방법까지도 구체적으로 제시하고 있습니다.

그러나 염려가 되었던 것은 저자의 호탕하고 유쾌하며 심오한 생각을 제대로 전달할 수 있을까 하는 점이었습니다. 쉬운 단어 같지만 긍정적으로 생각하는 일, 행복하다고 느끼는 일은 '아하, 그렇구나!' 하고 크게 느껴야 합니다. 눈으로만 읽어서는 행복은 내게 오지 않고 저 멀리서 바라만 보고 있을 겁니다. 실제로 해볼 때 비로소 그 효과를 느낄 수 있고 진정 내 것이 됩니다.

우리는 이미 많은 소원이 이루어졌고 행복하다고 느껴도 충분한 조건 속에서 살고 있습니다. 그럼에도 불구하고 욕망 리스트를 끊임없이 만들어서 나보다 더 많이 가진 사람을 부러워하며 스스로 불행해 합니다. 이 책은 그 불행의 소용돌이에서 벗어나 소소하지만 진정한 행복의 세계로 독자를 이끌어 줍니다. 이 책을 읽는 독자 여러분이 실제로 연습해보고 행복체질로 바뀌기를 기원해봅니다. 많은 사람들이 행복체질 열풍에 빠져들어 스마트폰을 애용하는 사람만큼 행복체질 인구가 많아졌으면 좋겠습니다.

희망이 있을 때 사람은 행복한 기분이 됩니다. 그것도 막연한 바람이 아닌 구체적인 이미지를 그리면서 된다고 믿으면 정말 그렇게 된다고 합니다.

속는 셈치고 한번 해볼 만한 가치가 충분히 있다고 생각합니다. 돈 드는 일도 아니고 말이죠. 곁에 두고 인생의 지침서로 자기관리의 참고서로 널리 활용하면 좋은 보석과도 같은 책입니다.

이 책을 우리의 아이들에게 인생의 지침서로 꼭 물려주고 싶습니다. 그리고 주변의 사랑하는 사람들에게도 선물하고 싶은 책입니다. 불행해하면서 살기에는 인생은 너무나 짧으니까요.

이 책을 손에 든 독자님들 감사합니다.

항상 행복하세요!

옮긴이 강현숙

긍정의 교과서

2022년 10월 28일 1판 1쇄 발행
2022년 12월 28일 1판 2쇄 발행

저　　　자 다케다 소운
옮 긴 이 강현숙
발 행 인 유재옥

본 부 장 조병권
편 집 1 팀 김준균 김혜연 박소연
편 집 2 팀 정영길 조찬희 박치우 정지원
편 집 3 팀 오준영 이해빈
디 자 인 김보라 박민솔
라 이 츠 김정미 맹미영 이승희 이윤서
디 지 털 박상섭 김지연 유영준
발 행 처 (주)소미미디어
발행등록 제2015-000008호
주　　　소 서울시 마포구 토정로 222, 403호(신수동, 한국출판콘텐츠센터)
제 작 처 코리아피앤피
영　　　업 박종욱
마 케 팅 한민지 최원석 최정연
물　　　류 허석용 백철기
전　　　화 편집부 (070)4164-3960, (070)4253-9250 기획실 (02)567-3388
　　　　　 판매 및 마케팅 (070)4165-6888, Fax (02)322-7665

ISBN 979-11-5710-384-3 (03190)